Evaluation and Comparative Study of Harmonious Employment Relations from the Perspective of Labor-Management Partnership

企业和谐劳动关系评价及其比较研究
基于雇佣合作伙伴关系的视角

左静 著

图书在版编目（CIP）数据

企业和谐劳动关系评价及其比较研究：基于雇佣合作伙伴关系的视角/左静著．—北京：经济管理出版社，2019.1
ISBN 978－7－5096－6381－3

Ⅰ.①企… Ⅱ.①左… Ⅲ.①企业—劳动关系—研究—中国 Ⅳ.①F279.23

中国版本图书馆 CIP 数据核字（2019）第 016839 号

组稿编辑：申桂萍
责任编辑：刘　宏
责任印制：黄章平
责任校对：陈　颖

出版发行：经济管理出版社
（北京市海淀区北蜂窝 8 号中雅大厦 A 座 11 层　100038）
网　　址：www.E－mp.com.cn
电　　话：（010）51915602
印　　刷：北京玺诚印务有限公司
经　　销：新华书店
开　　本：720mm×1000mm/16
印　　张：12
字　　数：180 千字
版　　次：2019 年 1 月第 1 版　2019 年 1 月第 1 次印刷
书　　号：ISBN 978－7－5096－6381－3
定　　价：58.00 元

·版权所有　翻印必究·
凡购本社图书，如有印装错误，由本社读者服务部负责调换。
联系地址：北京阜外月坛北小街 2 号
电话：（010）68022974　邮编：100836

目　录

第一章　绪论 ………………………………………………………………… 1

　第一节　研究背景与意义 ………………………………………………… 1
　　一、研究背景 …………………………………………………………… 1
　　二、研究意义 …………………………………………………………… 8
　第二节　理论基础 ……………………………………………………… 10
　　一、一元论、多元论视角 ……………………………………………… 10
　　二、角色理论和冲突理论 ……………………………………………… 11
　　三、社会交换理论 ……………………………………………………… 12
　　四、平衡理论 …………………………………………………………… 13
　　五、心理契约理论 ……………………………………………………… 14
　　六、诱因—贡献模型 …………………………………………………… 14
　第三节　研究基本思路与研究设计 …………………………………… 15
　　一、基本思路 …………………………………………………………… 15
　　二、资料收集与处理 …………………………………………………… 15
　　三、研究设计 …………………………………………………………… 16

第二章　企业劳动关系评价综述 ………………………………………… 22

　第一节　劳动关系相关研究 …………………………………………… 22

一、劳动关系现状 …………………………………………………… 22
二、劳动关系治理情况 ……………………………………………… 24
三、劳动关系已有研究 ……………………………………………… 26
第二节 和谐劳动关系评价现状与问题 ………………………………… 28
一、和谐劳动关系评价现状 ………………………………………… 28
二、和谐劳动关系评价问题 ………………………………………… 31
第三节 和谐劳动关系制度建设 ………………………………………… 32
一、劳动关系制度演变 ……………………………………………… 32
二、和谐劳动关系制度建设现状 …………………………………… 35

第三章 企业和谐劳动关系评价体系构建 ……………………………… 42

第一节 和谐劳动关系构建现状 ………………………………………… 42
一、就业形势严峻 …………………………………………………… 42
二、劳动标准不完善 ………………………………………………… 43
三、劳动监察力度不够 ……………………………………………… 43
四、雇佣双方力量不均等 …………………………………………… 43
五、劳动协调机制不完善 …………………………………………… 44
第二节 和谐劳动关系评价体系构建原则 ……………………………… 44
第三节 雇佣合作伙伴关系实践 ………………………………………… 45
一、雇佣合作伙伴关系实践的内涵 ………………………………… 45
二、雇佣合作伙伴关系实践的结构 ………………………………… 47
三、雇佣合作伙伴关系实践的理论视角 …………………………… 48
第四节 雇佣合作伙伴关系实践评价模型构建 ………………………… 50
一、雇佣合作伙伴关系实践模型 …………………………………… 50
二、描述性统计 ……………………………………………………… 53
三、评价指标体系结构检验 ………………………………………… 53
四、权重确定及指标计算方法 ……………………………………… 57

第五节　本指标体系特点 …………………………………………… 62

第四章　不同所有制企业和谐劳动关系比较及分析 …………………… 65

　　第一节　不同所有制企业和谐劳动关系比较 …………………………… 65
　　　　一、数据描述 …………………………………………………… 65
　　　　二、结果讨论 …………………………………………………… 68

　　第二节　不同所有制企业和谐劳动关系建设分析 ……………………… 70
　　　　一、国有企业 …………………………………………………… 70
　　　　二、中外合资企业 ……………………………………………… 80
　　　　三、外商独资企业 ……………………………………………… 89
　　　　四、私营企业 …………………………………………………… 98
　　　　五、其他所有制企业 …………………………………………… 103

第五章　不同行业企业和谐劳动关系比较与分析 ………………………… 105

　　第一节　不同行业企业和谐劳动关系比较 ……………………………… 105
　　　　一、数据分析 …………………………………………………… 105
　　　　二、结果讨论 …………………………………………………… 106

　　第二节　不同行业企业和谐劳动关系建设分析 ………………………… 109
　　　　一、高新技术企业 ……………………………………………… 109
　　　　二、制造业 ……………………………………………………… 115
　　　　三、房地产行业 ………………………………………………… 117
　　　　四、批发和零售业 ……………………………………………… 120
　　　　五、建筑业 ……………………………………………………… 121
　　　　六、电力行业 …………………………………………………… 122
　　　　七、热力行业 …………………………………………………… 124
　　　　八、住宿和餐饮业 ……………………………………………… 126

第六章 不同地区企业和谐劳动关系比较与分析……………………129

第一节 不同地区企业和谐劳动关系比较……………………………129
一、数据分析……………………………………………………………129
二、结果讨论……………………………………………………………131

第二节 不同地区企业和谐劳动关系建设分析………………………132
一、黑龙江省……………………………………………………………133
二、山东省………………………………………………………………135
三、四川省………………………………………………………………138
四、江苏省………………………………………………………………142
五、广东省深圳市………………………………………………………145
六、天津市………………………………………………………………148
七、湖南省………………………………………………………………150

第七章 工会企业与非工会企业和谐劳动关系比较与分析…………155

第一节 工会企业与非工会企业和谐劳动关系比较…………………155
一、数据分析……………………………………………………………155
二、结果讨论……………………………………………………………158

第二节 工会企业和谐劳动关系建设分析……………………………159
一、提升工会在企业内部工作的贡献力………………………………159
二、工会依法维护员工权益……………………………………………162
三、工会工作模式创新…………………………………………………167
四、工会企业和谐劳动关系建设讨论…………………………………169
五、新时代促进工会更好发展的建议…………………………………175

参考文献……………………………………………………………………177

后　记………………………………………………………………………184

第一章 绪论

第一节 研究背景与意义

一、研究背景

2011年至今，世界经济在经历金融危机之后，进入深度调整期。中国经济增速也放缓，呈现"三期叠加"的经济形态——增长速度进入换挡期，结构调整面临阵痛期，前期刺激政策进入消化期，即中国经济的"新常态"，也是中国经济的新机遇。这一阶段，经济发展方式的转变、产业结构调整成为经济政策的重点。这种调整在促进经济发展的同时，也带来了相应的劳动关系问题；尤其体现在劳动密集型企业的倒闭、搬迁，从而牵涉到劳动者权益，引发大量劳动争议，使劳动争议的研究成为这一阶段的热点[1]。劳动争议的背后则是劳动关系矛盾，如果这一矛盾不能解决，将对社会的和谐稳定带来严重的影响。

---

[1] 伍美云. 中国劳动关系研究的演变及其制度嵌入［D］. 首都经济贸易大学，2018：156.

（一）劳资争议现象突出

2010年，以富士康"十三连跳"、南海本田工人罢工为代表的工潮汹涌而至，表明了劳资矛盾恶化情况以及企事业单位的劳动争议现象仍然突出。《中国统计年鉴》（2017）指出，自2010年以来，劳动争议案件数不断增长，2014年、2015年、2016年劳动争议案件受理数分别为72万件、81万件、83万件。如图1-1所示。

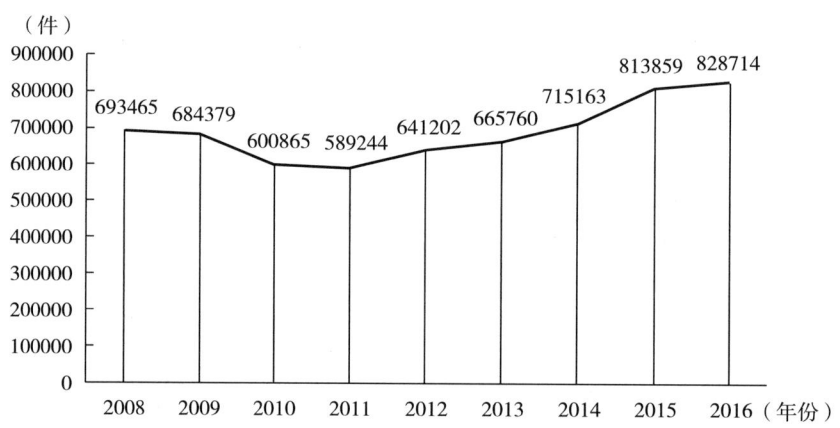

图1-1 当期案件受理数

资料来源：中华人民共和国国家统计局. 中国统计年鉴（2017）. 北京：中国统计出版社，2017.

同时，劳动者申诉案件数从2010年起也呈不断增长态势，2014年、2015年、2016年劳动争议案件受理数分别为69万件、78万件、80万件。如图1-2所示。其中采取仲裁裁决的案件数也同步增长，2016年达到37万件。

对其劳动争议案件原因进行结构分析发现，劳动争议主要原因为劳动报酬问题，占36%；其次为社会保险问题，占30%；再次为解除、终止劳动合同问题，占19%；最后为集体劳动争议，占15%。如图1-3所示。由此可知，劳动报酬的合理性、企业对员工的劳动权益保障对劳动关系和谐的重要性。

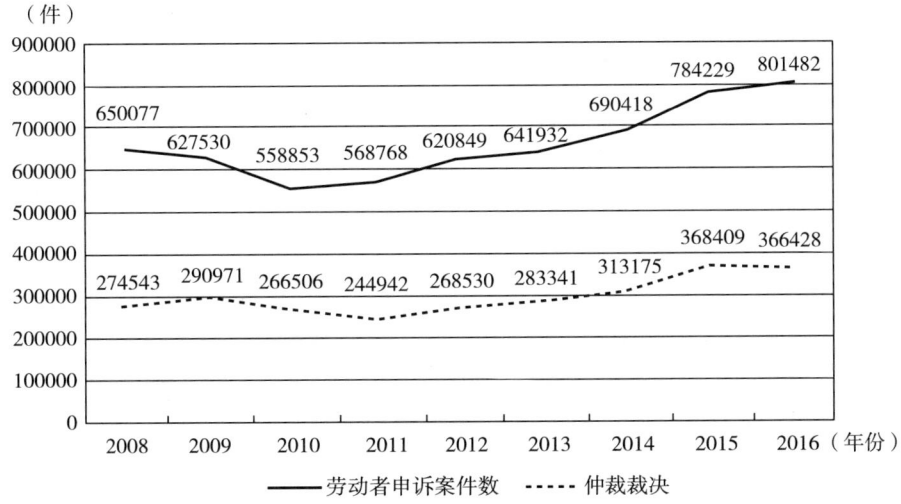

图1-2 劳动者申诉案件数和仲裁裁决数量

资料来源：中华人民共和国国家统计局．中国统计年鉴（2017）．北京：中国统计出版社，2017．

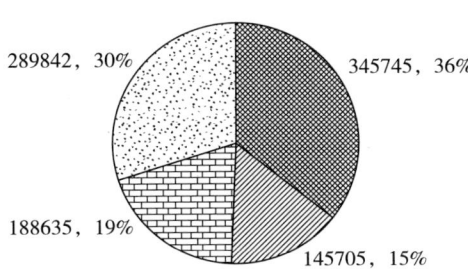

图1-3 劳动争议案件构成情况

资料来源：中华人民共和国国家统计局．中国统计年鉴（2017）．北京：中国统计出版社，2017．

通过以上分析发现，从数量上看，劳动关系矛盾明显增多，自2010年以来，劳动争议案件已经成为民事案件中增长最快、涉及范围最广、影响程度最深、社会关注最多的案件类型。劳动争议案件的大幅提升反映出我国劳动关系发展态势日趋严峻，因此，未来解决劳动关系矛盾会成为我们必须面对的难题。从形式上看,一些劳动关系矛盾呈现尖锐化和群体化的发展趋势。一方面,劳动争议案件的主体多样化,从以农民工劳动争议案件为主发展为涉及企业高层管理人员、业务销售人员、行政管理人员等多主体的劳动争议案件;另一方面劳动争议原因也呈现多样化,除劳动报酬外,还存在社会保险、解除或终止劳动合同以及集体劳动争议等。劳动报酬则不仅仅是工资拖欠,还涉及最低工资、加班工资、扩大企业工资总额等复杂争议。从内容上看,劳动关系矛盾已经从劳动者合法权益无法得到保障转向合理诉求得不到满足。劳动关系矛盾频发,究其直接原因是劳动者合法权益没有得到保障。《劳动合同法》《劳动争议调解仲裁法》、国务院批转《关于深化收入分配制度改革的若干意见》等劳动保障法律法规的出台使劳动者的合法权益虽然得到保障,但效果不够理想,由于法律法规落实不到位,仍然存在劳动者工资低于最低标准、工资拖欠和克扣等现象。此外,随着时代进步和经济的发展,人们生活水平提高,但劳动者的劳动条件改善程度和收入增长速度却没有实现与时代和企业同步发展,由此引发的不合理利益分配关系引起的劳动关系矛盾成为常态。

总之,面对劳动争议现象突出、劳动关系矛盾明显增多的现实,为进一步重视和加强构建和谐劳动关系,解决劳动关系矛盾中存在的突出问题,有必要对构建企业和谐劳动关系工作进行设计和维护。

(二) 工会作用日益加强

针对劳资争议现象突出问题,为使劳动者劳动合法权益得到有效保障,必须充分发挥我国工会作用,发挥工会组织在构建和谐劳动关系中的积极作用。工会作为劳动关系中劳动者一方利益的代表者和维护者,在推动构建和谐劳动关系中承担着重要责任。

中国的工会既是劳动者利益的集体代表者和维护者,又是劳动关系的协调者、中介者和调解者,具有双重性质。中国的工会其实既是一个"政治团体",又是一个"职业团体"。作为"政治团体",工会积极配合政府的工作,同时也是企业的利益共同体,是企业和职工之间的协调者,而且企业工会还分摊了部分的管理职能。作为"职业团体",工会是劳工与资方进行谈判的工具,以提高劳工的地位、维护劳工的利益为唯一要义。在党的领导下，中国工会致力于发展和谐劳动关系，在维护职工权益、促进社会公平方面发挥着重要作用，也因此在劳动者心中，工会作用日益加强，地位逐渐上升。

《中国统计年鉴》指出，自2003年至今，工会基层组织数不断增加，2016年工会基层组织数达到282.5万个；工会专职工作人数也同步增长，2016年工会专职工作人数达到113万人。如图1-4、图1-5所示。

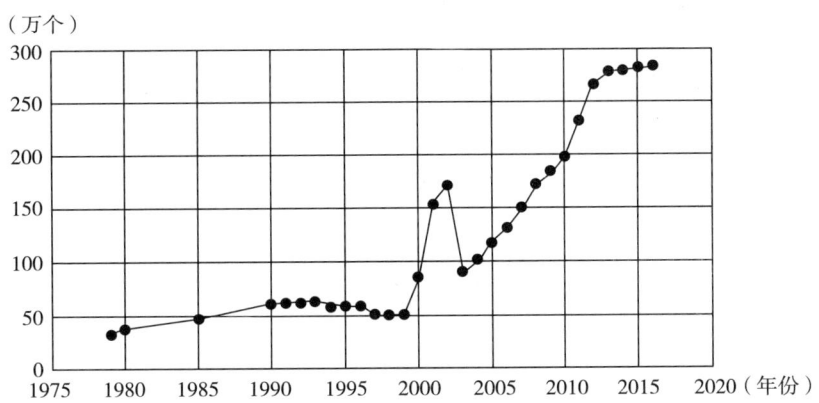

图1-4　工会基层组织数

资料来源：中华人民共和国国家统计局．中国统计年鉴（2017）．北京：中国统计出版社，2017．

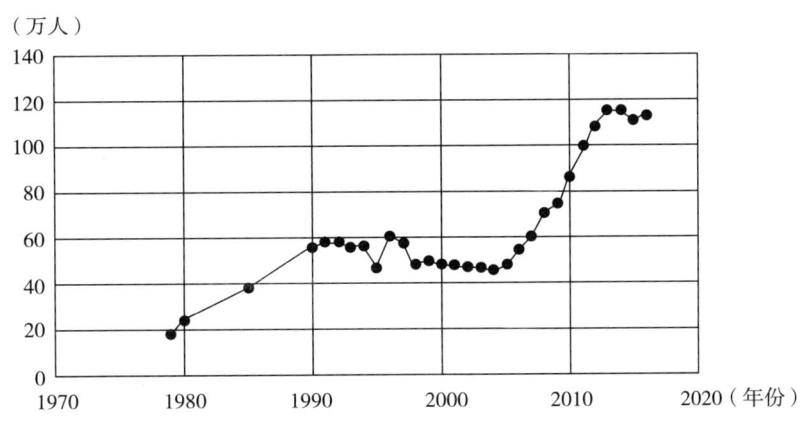

图1-5　工会专职工作人数

资料来源：中华人民共和国国家统计局．中国统计年鉴（2017）．北京：中国统计出版社，2017．

由此可知，工会作用日益加强。一方面企业工会履行维护员工利益的职能，即企业工会通过其运作满足员工对工资增长、福利提升期望的实现程度加强；另一方面企业工会作为一个组织，在与企业、工会会员互动的过程中，所制定的实际目标，能够与企业和工会会员的目标相一致，加强企业和员工对工会的认可度。

如图1-6所示，全国已建工会组织的职工人数不断增长，2016年全国已建工会组织职工人数达到31428万人；其中工会成员比例也在不断上升，2016年工会成员比例达到96%，如图1-7所示。

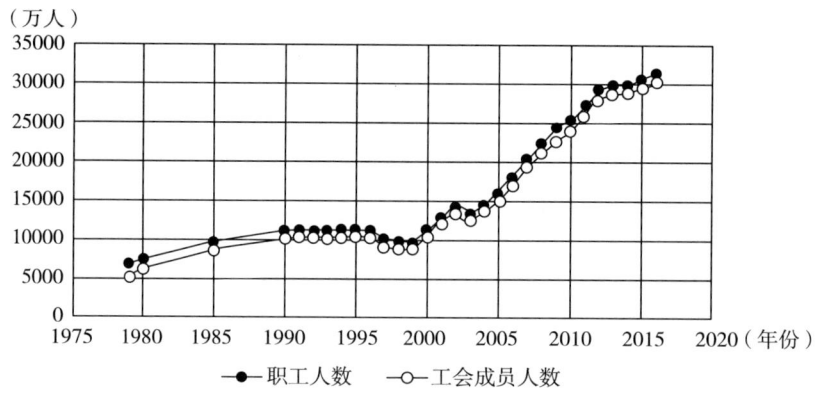

图1-6　全国已建工会组织的基层单位人数

资料来源：中华人民共和国国家统计局．中国统计年鉴（2017）．北京：中国统计出版社，2017．

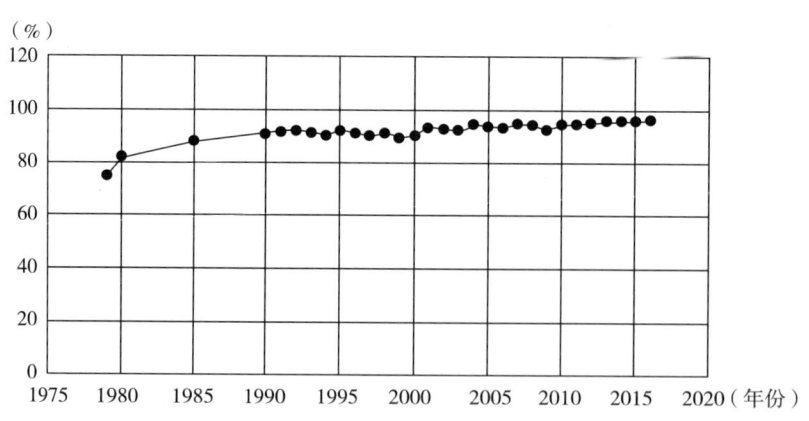

图1-7　工会成员占职工人数比例

资料来源：中华人民共和国国家统计局．中国统计年鉴（2017）．北京：中国统计出版社，2017．

由此可见，中国企业工会队伍日益庞大，在企业中的地位也逐渐提升，随着工会成员数量的增长，可以看出员工也越来越意识到工会的重要性。

（三）构建企业和谐劳动关系的重要性

劳动关系形态包括冲突型劳动关系、对峙型劳动关系、协调型劳动关系和合作型劳动关系四种，其演变过程伴随着社会生产方式、雇佣双方力量对比以及政治和法律的发展而变化。不同所有制、不同行业、不同地区的企业劳动关系可能产生不同的关系目标形态。目前，我国企业总体现实状况决定了现阶段雇佣双方总体上处于非合作博弈状态，由于雇佣双方没有建立充分的信任关系，以及双方信息的不对称，由此而引发的机会主义行为会导致雇佣双方在利益实现过程中两败俱伤。因此要充分认识构建企业和谐劳动关系的重要性和紧迫性。

构建和谐劳动关系是建设社会主义和谐社会的重要基础。社会和谐是中国特色社会主义的本质属性，构建社会主义和谐社会就是要确保各种社会关系和谐，即劳动关系也是和谐稳定的。所以，和谐劳动关系是和谐社会的具体体现和根本保证。构建和谐劳动关系，既要维护劳动者的权益，实现雇佣双方利益关系达到平衡；又要以人为本，尊重和关心劳动者，充分调动其积极性，发挥劳动者最大价值，只有这样才有利于打造雇佣双方利益共同体、命运共同体、事业共同体。

构建和谐劳动关系是保持市场经济正常运行的内在要求。目前国家提倡经济发展更多依赖国内消费需求拉动，避免依赖出口的外部风险。扩大内需的途径之一就是增强居民购买力，其中工资收入是政策可调节的一部分，表现之一则是各地争相提高最低工资标准。如何使初次分配和再分配都处理好效率和公平的关系，让再分配更加注重公平，成为目前重要的议题。由于经济增速趋缓，人工和原料成本增加，可能造成一部分企业发生拖欠工资、厂址搬迁和工厂倒闭的现象，会带来劳动关系的紧张，从而牵扯到劳动者权益，引起雇佣双方的劳资争议。面对这种状况，我们只有及时妥善处理劳动关系矛盾，发展市场经济，健全企业法人治理结构，确保生产者和经营者、劳动者和建设者和谐相处，互利共赢，才能为实现社会公平保持稳定提供可靠的保证，为保持市场经济正常运行奠定稳定基础。

构建和谐劳动关系是解决劳动关系领域突出问题的迫切需要。涂永前

(2018)分析当前劳动法治领域所存在的问题,指出目前劳动争议不仅数量多而且更加集中于制造业、建筑业、采矿业等传统的劳动密集型产业,这些产业多数是当前发展不景气、处于调控转型期的行业。行业不景气导致企业整体压力大、生产经营困难,进而导致劳动矛盾激烈、调解难度大。当前我国经济发展已进入新常态,企业用工成本明显上升,在经济发达的地方,如长三角、珠三角及福建部分地区,民工荒的出现导致部分企业从经济欠发达地区非法输入劳务来降低用工成本,导致农民工群体劳动权益保障仍显不足;同时还存在用人单位在用工管理法律风险防范方面意识不强、对新经济新业态下出现的自雇佣劳动者群体或者说灵活就业人员群体缺乏关注和回应等问题。① 面临如此复杂的劳动关系问题,需要在构建和谐劳动关系过程中逐步加以解决,因此构建和谐劳动关系的过程就是化解劳动纠纷和矛盾的过程。

二、研究意义

为了顺利实现构建和谐劳动关系进而实现社会主义和谐社会的宏伟目标,有必要对企业和谐劳动关系进行评价和比较,提出一套和谐劳动关系的评价标准,让雇佣双方了解构建和谐劳动关系的进程和优点。因此,本书具有重要的理论意义和实践意义。

(一)理论意义

本书基于雇佣合作伙伴关系视角进行企业和谐劳动关系评价与构建,有助于丰富和发展劳动关系理论。

1. 在理论上完善原有和谐劳动关系评价指标体系

本书结合中国实际国情,兼顾中国工会的双重身份,以雇佣合作伙伴关系为视角,设计出一套较为科学、合理的企业和谐劳动关系评价体系。该评价指标体系简洁实用,可操作性强,方便不同地区、不同所有制、不同行业和谐劳动关系

---

① 涂永前.新时代中国特色社会主义和谐劳动关系构建研究:现状、问题与对策[J].社会科学家,2018(1):119-125.

比较研究，涵盖劳动者参与管理、权益保障、就业保障、职业沟通与发展等，较全面地反映企业和谐劳动关系。

2. 丰富和充实企业和谐劳动关系综合评价理论

在综合评价方面，本书运用因子分析方差贡献率法，能够较为准确、客观地比较各地区、各行业等和谐劳动关系建设程度和效果；同时，充实企业和谐劳动关系评价理论，使企业和谐劳动关系评价体系更符合社会发展的要求。

3. 通过实证研究，有利于调动员工积极性，为促进企业、工会和员工和谐劳动关系构建提供理论支持

本书在实践上用具体指标和数据对和谐社会加以评价和分析，给人们以定量的感受和切实体验；对和谐劳动关系构建所需的理论基础、劳动关系主体的合作行为以及所需的合作机制等进行深入研究，为企业合作型劳动关系的构建提供充分的理论支撑，从而激发员工积极性，促使企业、工会和员工培养共享共建意识，为建设和谐劳动关系做出更多贡献。

（二）实践意义

1. 研究企业和谐劳动关系的构建，是实现社会和谐的迫切需要，有利于经济持续健康发展

劳动关系和谐是实现社会和谐的基石。2015年4月，中共中央和国务院发布《中共中央国务院关于构建和谐劳动关系的意见》，就新形势下构建和谐劳动关系，推动科学发展和促进社会和谐做出了总体部署。在此背景下，以雇佣合作伙伴关系为视角对企业劳动关系问题进行研究，正契合了我国经济社会发展的目标和要求，有利于化解雇佣双方的矛盾和冲突，实现社会和谐，也有利于推动我国经济发展方式的转变。本文通过研究如何构建和谐劳动关系，有利于充分调动企业和职工的积极性，激发创造活力，从而为经济持续健康发展奠定坚实基础。

2. 为企业立足于激烈的市场竞争并实现可持续发展提供支撑与导向

首先，构建和谐劳动关系有利于深化企业改革发展及经济结构调整。随着企业的深化改革与市场化体制的深入，企业间的竞争也愈加激烈，在这种环境下，构建一个和谐的劳动关系显得非常重要。其次，通过构建和谐的劳动关系，使劳

动力市场保持良好的运行,也是建立健全市场就业机制的必然要求。在我国国有企业的发展当中常涉及大量人员,竞争的激烈性往往会造成劳动力市场紊乱。为使劳动力市场保持有序运行,实现企业与员工就业的规范化,和谐的劳动关系更加必不可少。最后,构建和谐的劳动关系有利于维护员工及社会稳定。在实际工作中,企业是否能真正考虑到员工的切身利益与诉求,是企业能否长期发展的关键。通过构建和谐劳动关系评价体系,充分利用好和谐的劳动关系,来积极预防和化解企业与劳动者之间产生的矛盾,才能够使企业的内部关系愈加和谐稳定,从而促进企业的生产与经营,真正实现双丰收。

3. 通过定性和定量研究,有利于为构建企业和谐劳动关系提出政策建议

本书围绕雇佣合作伙伴关系,通过因子分析方差贡献率法构建和谐劳动关系,可以为企业提供有关构建和谐劳动关系的政策建议;对企业劳动关系问题进行研究,有利于雇佣双方利益的相互平衡,对双方合作过程中可能发生的道德风险进行有效规制,以便企业采取正确的措施,为实现和谐劳动关系提出具有实际应用价值的建议。

第二节 理论基础

一、一元论、多元论视角

雇佣合作伙伴关系有利于缓解劳资双方的矛盾和分歧,但是在实现劳资互利共赢时的路径等方面没有形成一致意见。目前对雇佣合作伙伴关系的研究主要存在三种理论视角——一元论、多元论和混合视角。

一元论视角认为雇佣双方是不存在根本矛盾的,其利益本质上是一致的,雇佣双方是伙伴式的关系,冲突是组织内部冲突,可以通过组织科学的管理策略和方法来解决和平衡劳资双方的诸多问题。一元论视角起源于 20 世纪初的古典管

理时期，其代表人物有泰罗、马克斯·韦伯以及亨利·法约尔等，他们通过科学的管理理论来调节组织内部的劳动关系，揭示管理的本质规律；并最终关注组织绩效的提升，以组织绩效为目的来设计管理实践，保证组织目标与员工的目标一致。但一元论主要依赖"经济人"的假设，缺乏对人的心理感受的关注，也忽视了组织赖以生存的外部环境。

多元论则认为，雇佣双方的关系包含合作和冲突。即尽管雇主和员工的利益有重合，但他们的利益在本质上是不一致的，存在冲突，因此，需要协调机制来解决这种根本性的冲突，以平衡雇主和员工的利益，来保证组织的有效运转。多元论以在劳动关系中平衡各种利益冲突为主，显示了雇主与雇员力量均衡的过程。多元论主张关注员工的利益，比如员工的福利和社会问题，把劳动关系看作是各方力量在利益分配上的博弈，以及各竞争团体为各方利益进行谈判、妥协的过程。利益冲突无法单纯通过市场力量来协调，市场经常会不完善并且更倾向于雇主，因此需要调配机制和市场之外的力量共同参与。

混合视角是一元论和多元论视角的混合，既承认劳资双方有根本利益冲突，需要某种协调机制存在，也认为劳资双方的很多利益能通过内部有效的管理措施进行平衡。混合视角下既强调员工参与又强调工会的参与。因此，在组织中，既要有效推行人力资源管理实践，同时又不能忽视相对独立的工会的存在，否则容易在管理上造成困扰。

二、角色理论和冲突理论

20世纪二三十年代，研究者将戏剧中的角色概念引入社会学，演变形成角色理论（Role Theory）。角色理论是关于人的态度与行为怎样为其在社会中的角色地位及社会角色期望所影响的社会心理学理论。它试图从人的社会角色属性解释社会心理和行为的产生和变化，并按照人们所处的地位或身份去解释人的行为并揭示其中的规律。角色理论指出在某个情境或背景下，个体的行为往往具有代表性，并且与社会地位紧密相连。同时由于角色存在于大型社会系统中，包含角色期待，即个体在扮演相应角色的同时，他人对其行为抱有相应的期待。角色理论还指出，主体在某个领域中扮演多重角色时往往会因时间、精力或其他资源投入的不足而导致"角色冲突"现象产生。角色冲突表现为个体所拥有的不相容的且具有冲突性的社会义务。

冲突理论（Conflict Theory）起源于20世纪50年代中、后期的西方社会学流派，强调社会生活中的冲突性并以此解释社会变迁。冲突理论认为员工作为企业中的一员以及工会成员会使员工产生角色上的冲突和认知上的差异，尤其是当员工认为企业和工会是两个存在冲突的组织时。只有当企业和工会关系较好时，员工才会表现出积极的组织公民行为，一旦企业和工会发生冲突，企业成员就可能会置身于与企业的冲突之中。员工个人会面临这样的问题：在时间和精力都是有限的情况下，是选择支持工会还是选择为企业效劳。因此，在劳资关系比较融洽的企业中，通过创造一些对企业和工会的合作有益的优厚条件，使员工减少角色冲突，有利于构建雇佣合作伙伴关系。

三、社会交换理论

社会交换理论（Social Exchange Theory）作为一种强调人类行为中的心理因素的社会学理论，20世纪60年代兴起于美国并在全球范围广为传播，该理论也被称为行为主义社会心理学理论。交换理论指出人类的一切行为都受到某种能够带来奖励和报酬的交换活动的支配，即人类的社会活动可以看作一种交换，人们在社会交换中所形成的伙伴关系也是一种交换关系。

交换理论指出员工将自己的满意视为维持交换的主要影响因素，即员工会因其对组织长期就业前景的看法而影响其组织行为。如果企业通过经济奖励如薪酬、福利等和社会奖励如尊重、和谐关系等使员工了解并信任他们的公司，则员工会投身于公司并发挥自己的价值作为回报。

只有当信赖和信任其交易伙伴时，人们才会参与到互惠互利的关系之中。企业管理者的工作是帮助员工与其组织和同事建立长期的、有回报的交换关系，帮助员工了解并信任他们的公司，帮助组织通过经济奖励（薪酬、福利、休假等）和社会奖励（不占用公司任何资源，诸如赞美、尊重、欣赏、友谊等）来奖赏员工。员工对其组织长期就业前景的看法可以影响他们的组织行为。当员工具有较低的工作安全感时，或者当员工没有将自己和组织未来规划在一起时，员工可能不会自愿帮助他们的组织。企业和谐劳动关系的构建需要培养员工对他们与组织之间长期信任和互利关系的看法，让员工明白，当他们投身于公司时，公司同样会给予他们回馈，并将其纳入公司的未来发展规划。因此社会交换理论可以用来阐述企业、工会和员工之间的和谐劳动关系的形成机理。

四、平衡理论

Heider（1958）提出平衡理论（Balance Theory），主要分析三个团体之间的互动实践关系以及之后的发展和影响①，该理论被学者们广泛应用于社会心理学中多团体关系的研究。随着理论的发展和学者们的研究，该理论被引入经济管理领域，用以探讨三个团体或组织在互动实践过程中的态度和承诺问题。平衡理论指出，情感因素、态度因素以及团体间的关系因素会影响团体之间的伙伴关系，该理论也是对交换理论进行了扩充，分析员工在什么情况下会有更高的双组织承诺水平。

平衡理论表明，当企业、工会和员工三者之间形成一个理想的三角关系时，即三者之间形成伙伴关系，矛盾和冲突就会消除，企业和工会和谐相处，互相支持，在企业各种活动中，企业、工会和员工能够进行有效的沟通，这种理想的三角关系就是它所提倡的和谐境界（见图1-8）。

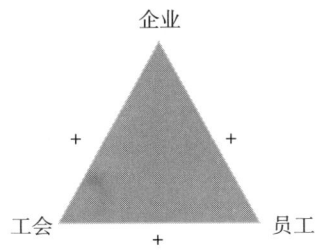

图1-8 企业、工会和员工的平衡关系

资料来源：中华人民共和国国家统计局. 中国统计年鉴（2017）. 北京：中国统计出版社，2017.

---

① Heider. The psychology of interpersonal relations [M]. New York：Wiley，1958.

五、心理契约理论

当员工加入组织时,员工与组织签订雇佣协议,该协议指出员工和组织的权利和义务;当这些交换性协议不是以文字形式表达时,则被称为心理契约(Psychological Contract)。心理契约理论指出,员工期望从组织中获益,来回报他们的劳动和贡献。也可理解为心理契约是一个互惠协议,员工对组织具有交换协议的信念,这些信念是由组织和员工之间形成的隐含的或明确的承诺的结果,如公司为员工提供发展机会、雇佣保障等,员工则回报给企业承诺,履行责任。

心理契约理论指出员工会对组织形成不成文的信念和期望,当组织满足员工期望的结果时,员工会对组织作出承诺予以回报;如果员工没有获得心理契约中期望从组织得到的结果,就会导致员工心理契约破裂,从而导致员工出现消极的态度和行为。

六、诱因—贡献模型

该研究最早可追溯到巴纳德(Barnard,1938)的研究,他认为雇佣关系是期望雇员的贡献与雇主提供的诱因之间的交换①。组织的成功受交换管理的影响,其交换包括提供的诱因(如工资、权力、社会支持、参与等)和相应获得的回报的数量和质量。马奇和西蒙(March & Simon,1958)在其基础上提出了"诱因—贡献"模型,认为雇佣关系是组织提供的诱因与员工贡献之间的交换②。当组织提供的诱因大于员工的贡献时,员工有较高的满意度;而组织要确定员工的贡献是否足以保持组织的生存和发展,以此确定相应的诱因,因此员工与组织间形成双向互动的关系。

诱因—贡献模型将雇佣关系具体界定为由提供给雇员的一系列人力资源实践和针对这些实践期望雇员做出的贡献构成。并将员工组织关系从组织角度定义的雇佣

---

① Barnard,C. I. The Function of Excutive. Cambrige [M]. MA:Havard University Press,1938.
② March,J. Q & Simon,H. A. Organizations [M]. New York:Wiley,1958.

关系策略划分为四种模式：准交易契约模式（低诱因、低期望贡献）、相互投入型（高诱因、高期望贡献）、投资不足（低诱因、高期望贡献）和过度投资型（高诱因、低期望贡献）。其中前两种为平衡的雇佣关系，后两种为不平衡的雇佣关系。

本研究试图通过诱因—贡献模型分析雇佣合作关系，考察不同所有制、不同行业下企业雇佣关系状况。

第三节　研究基本思路与研究设计

一、基本思路

本书在广泛参考相关文献的基础上，着眼于劳动争议频发、工会作用日益强大等实际，从雇佣合作伙伴关系角度出发，对企业劳动关系的矛盾和问题进行分析，再结合当前中国人才政策方针的实际问题，对企业和谐劳动关系评价体系问题从指标选择、指标权重到综合评价进行系统的分析。

本书首先探讨企业和谐劳动关系的背景和意义，以及理论基础等；其次以企业和谐劳动关系为基础，在借鉴和比较国内现有研究成果的基础上，按照一定原则和方法，根据和谐劳动关系评价现状和问题以及制度建设，设计出一套企业和谐劳动关系评价体系；再次为检验该指标体系能否客观反映企业和谐劳动关系建设现状，本书对不同所有制、不同行业、不同地区、工会企业和非工会企业的和谐劳动关系进行评价和比较；最后结合分析的结果，对构建企业和谐劳动关系提出相关建议和对策。

二、资料收集与处理

（一）文献研究法

本书将文献研究法纵贯全文，通过 CNKI、百度学术、谷歌学术、EBSCO 等网站收集了大量国内外有关"劳动关系""工会组织""雇佣合作伙伴关系"以及"和谐"等方面的文献资料,并对其进行整理,借助一定的研究方法对其内容、框架、思路进行分析和总结;同时通过百度等搜索引擎收集我国企业劳动关系现状资料。在借鉴已有理论的基础上,从雇佣合作伙伴关系视角,通过理论分析的定性研究方法全面深刻阐述企业劳动关系的现状和问题。

(二)问卷调查法

该方法主要应用于和谐劳动关系调查。本书在文献分析的基础上,结合中国情境编制了具有较高信度和效度的和谐劳动关系调查问卷,通过邮寄、个别分送或集体分发等方式发送问卷,经调查对象填答,从而收集数据,然后对收集的数据进行比较、分析。

(三)统计分析法

该方法主要应用于企业和谐劳动关系评价体系指标构建。运用Excel、SPSS等软件对调研收集到的数据进行分析,并结合中国实践构建和谐劳动关系实际情况的实证分析,设计一套较为科学、合理的指标体系。

(四)综合评价方法

企业和谐劳动关系的建设问题是一个较为复杂的工程,通过对企业劳动关系的系统分析,按设计的评价指标体系,确定指标权重,计算综合得分,并对不同所有制、不同行业和地区的企业劳动关系进行具体明确的综合评价。

三、研究设计

(一)问卷调查编制及主要内容

1. 问卷编制

本书的数据通过问卷方式获取,具体包括三种问卷《高管调查问卷》《人力资源管理经理调查问卷》和《一般员工调查问卷》三类。本书问卷遵循从劳动关系出发,在大量国内外文献梳理的基础上通过访谈和预调查,编制了正式的调查问卷。问卷的主要内容结构如表1-1所示。

表1-1 调查工具与主要内容

调查工具		主要内容
企业层面问卷	高管调查问卷	该问卷主要了解企业绩效状况、企业规模、企业工会建设、企业所有制、行业特征等
	人力资源管理经理调查问卷	该问卷主要了解企业伙伴关系实践建设现状、企业所有制、行业特征、企业工会建设等
员工层面问卷	一般员工调查问卷	该问卷主要了解员工对企业管理实践的感知、员工行为、员工态度、员工的工作嵌入、员工自我建构、员工是否加入工会、员工的个性特征等

为保证问卷的信度和效度，问卷编制按照以下程序进行：

（1）在仔细阅读有关文献，深入分析学者们提出不同观点时采用的方法、分析的概念等，并检验其观点是否有有效区分度后，本书整合了问卷条目，采用双盲加翻译的方法对没有在中国情境下验证过的量表加以处理。

（2）将初选的问题及选项，重新放入研究内容的框架下，检查是否遗漏、多余及其效度，修改后形成问卷初稿。

（3）对问卷用语、问题顺序、排版格式等进行推敲和完善，以方便填答者阅读、理解和填写，保障信息收集的全面性和准确性，形成最终问卷。

在对问卷进行设计时，本书为呈现劳动关系表现特征使其概念化，遵循以下原则：

（1）问卷设计科学性：基于合作伙伴关系理论和已有研究，并根据中国情境下的劳动关系进行量表设计。

（2）调查对象代表性：伙伴关系是一个涉及企业、工会、员工多方主体的复杂概念，因此在选择调查对象时，要考虑企业、工会、员工三者之间的互动关系。

（3）问卷简洁清晰：问题设计清晰明确、简短，问题排列顺序把最吸引人的问题放在前面，人口学资料（年龄、性别等）放在后面。

2. 问卷内容

经过修订、归类、整理和归纳，最终确定28个题项。具体内容如表1-2所示。

表1-2 调查问卷内容

编号	题项	1	2	3	4	5	6	7
1	员工参与和自身工作相关的决策	1	2	3	4	5	6	7
2	员工参与涉及自身利益的决策	1	2	3	4	5	6	7
3	员工参与公司重大的投资经营决策	1	2	3	4	5	6	7
4	工会参与涉及员工利益的决策	1	2	3	4	5	6	7
5	工会在维护员工合法权益方面发挥了重要作用	1	2	3	4	5	6	7
6	工会参与公司重大的投资经营决策	1	2	3	4	5	6	7
7	工作描述具有灵活性	1	2	3	4	5	6	7
8	公司有自我管理工作团队	1	2	3	4	5	6	7
9	公司精心设计工作任务是为充分发挥员工的技能	1	2	3	4	5	6	7
10	对员工进行定期的绩效评估	1	2	3	4	5	6	7
11	员工的薪酬包括基于个体的绩效工资	1	2	3	4	5	6	7
12	员工的薪酬包括基于团队的绩效工资	1	2	3	4	5	6	7
13	员工能分享企业成长带来的好处	1	2	3	4	5	6	7
14	员工与公司一起发展和商讨自己的职业规划	1	2	3	4	5	6	7
15	公司对员工培训、发展和教育不只是根据当前工作需要	1	2	3	4	5	6	7
16	公司有定期的员工态度调查	1	2	3	4	5	6	7
17	公司有通告重大事件的平台和渠道	1	2	3	4	5	6	7
18	公司定期收集员工意见并及时做出反馈	1	2	3	4	5	6	7
19	公司有通畅的抱怨和申诉渠道	1	2	3	4	5	6	7
20	公司为员工提供了很好的就业保障	1	2	3	4	5	6	7
21	只要员工愿意,就能留在公司继续工作	1	2	3	4	5	6	7
22	公司对员工的工作保障有正式承诺	1	2	3	4	5	6	7
23	公司不存在用工歧视	1	2	3	4	5	6	7
24	所有员工都享有假期、退休等各类津贴	1	2	3	4	5	6	7
25	公司为员工提供了公平合理的薪酬待遇	1	2	3	4	5	6	7
26	所有员工都享有医疗健康保险	1	2	3	4	5	6	7
27	员工的工作场所是安全健康的	1	2	3	4	5	6	7
28	公司拥有通畅的内部晋升渠道	1	2	3	4	5	6	7

(二)调查对象

为了验证本书所构建的和谐劳动关系评价指标体系的科学性和合理性,同时确定评价指标体系的各级指标权重,本书样本选择主要参照以下标准:一是为了避免地区差异的影响,选择同一地区的制造企业样本;二是由于调查样本中涉及工会,选择的企业需要建立工会;三是为了提高样本的适用性,选择不同所有制的企业。为避免单一回复的误差以及提高回复率,我们对有意愿参与调查的企业发放的10份问卷,都由公司员工填写。在填写问卷时,承诺问卷的匿名性以及说明问卷只做研究使用。为确保问卷的回收率,在问卷发放两周后,研究负责人对发放问卷的企业负责人进行了电话提醒。问卷回收有两种方式:一是由调研人员现场发放和回收;二是每份问卷附带一个贴好邮票的信封,由问卷填写人回答完毕后自行寄回。在整个调查过程中,都采用自愿原则,未提供任何礼品或现金奖励。

1. 企业高管

企业高管是指在企业承担副总经理及以上职务的企业高层管理人员。每家企业选择一位高管填写《高管调查问卷》。

2. 企业人力资源管理经理

企业人力资源管理经理是指在企业人力资源管理部门承担经理职务的企业中层管理人员。每家企业选择一位人力资源管理经理填写《人力资源管理经理调查问卷》。

3. 企业一般员工

企业一般员工是指在企业没有承担任何行政职务的员工。由于本研究的伙伴关系实践包含了工会管理实践内容,因此,在调查时,重点调查对象为企业加入了工会的一般员工。每家企业选择10名一般员工填写《一般员工调查问卷》。

(三) 调查地区

调查地区主要以环渤海、珠三角、海西、中部、西部、长三角六个经济区的企业为主;其中,环渤海以天津、青岛等地区的企业为主;珠三角以广州、东莞、深圳等地区的企业为主;海西经济区以泉州、厦门等地区的企业为主;中部以合肥、芜湖、武汉等地区的企业为主;西部以重庆地区的企业为主;长三角以南京、无锡、苏州等地区的企业为主。

本次共发放 7200 份问卷,回收有效问卷 3462 份,有效回收率 48.08%。其中《高管调查问卷》478 份、《人力资源管理经理调查问卷》586 份、《一般员工调查问卷》2398 份。各类问卷的具体分布如表 1-3 所示。

表 1-3　调查问卷地区分布

	环渤海		珠三角		海西		中部		西部		长三角	
	发放	回收	发放	回收	发放	回收	发放	回收	发放	回收	发放	回收
高管调查问卷	180	86	160	74	90	39	100	44	50	20	600	215
人力资源管理经理调查问卷	220	106	200	91	100	48	150	54	50	24	700	263
一般员工调查问卷	950	435	850	374	450	198	500	219	200	98	3000	1074

（四）样本结构

本次共发放 800 份企业问卷,6400 份员工问卷,有效回收了 478 份企业问卷,2984 份员工问卷;其中,企业问卷中,工会企业 328 家,占比 68.62%,非工会企业 107 家,占比 22.38%,缺失数据企业 43 家,占比 9.0%。建立有工会的企业样本主要特征如表 1-4 所示。

由表 1-4 可知,收集的建立工会的企业样本中,国有企业 72 家,占比 21.9%;中外合资企业 33 家,占比 10.1%;外商独资企业 35 家,占比 10.7%;私营企业 150 家,占比 45.7%。企业规模在 50 人以下的 28 家,占比 8.5%;50~100 人的 49 家,占比 14.9%;101~500 人的 149 家,占比 45.4%;501~2000 人的 36 家,占比 11.0%;2001 人以上的 62 家,占比 18.9%。成立年限 5 年以下的 29 家,占比 8.8%;5~10 年的 82 家,占比 25.0%;11~20 年的 108 家,占比 32.9%;20 年以上的 109 家,占比 33.2%。个体特征方面,男性 1293 人,占比 53.9%;女性 1093 人,占比 45.7%。婚姻方面,已婚 1537 人,占比 64.1%;学历方面,高中及以下 551 人,占比 23.0%;大专 812 人,占比 33.9%;本科 874 人,占比 36.4%;研究生 122 人,占比 5.1%。收入方面,2000 元以下的 242 人,占比 10.1%;2000~2999 元的 841 人,占比 35.1%;

3000~3999 元的 595 人，占比 24.8%；4000~4999 元的 297 人，占比 12.4%；5000 元及以上的 361 人，占比 15.1%。另外，在所调查样本中，员工在本企业的平均工作年限为 7 年。

表 1-4　工会企业样本的主要特征

企业特征	家数	百分比（%）	个体特征	人数	百分比（%）
企业性质			性别		
国有企业	72	21.9	男	1293	53.9
中外合资	33	10.1	女	1093	45.7
外商独资	35	10.7	缺失	10	0.4
私营企业	150	45.7	婚姻		
其他	35	10.7	未婚	817	34.1
缺失	3	0.9	已婚	1537	64.1
总计	328	100	其他	16	0.6
企业规模			缺失	28	1.2
50 人以下	28	8.5	学历		
50~100 人	49	14.9	高中及以下	551	23.0
101~500 人	149	45.4	大专	812	33.9
501~2000 人	36	11.0	本科	874	36.4
2001 人以上	62	18.9	研究生	122	5.1
缺失	3	1.3	缺失	39	1.6
总计	328	100	收入		
企业成立年限			2000 元及以下	242	10.1
5 年以下	29	8.8	2000~2099 元	841	35.1
5~10 年	82	25.0	3000~3999 元	595	24.8
11~20 年	108	32.9	4000~4999 元	297	12.4
20 年以上	109	33.2	5000 元及以上	361	15.1
总计	328	100	缺失	62	2.6
			总计	2398	100

第二章 企业劳动关系评价综述

第一节 劳动关系相关研究

一、劳动关系现状

近两年来我国就业形势保持稳中有进状态,全国城镇登记失业率略微下降,就业困难人员及城镇失业人员再就业人数持续增加。2017年我国城镇新增就业人员1351万人,比2016年增加37万人;2017年全国城镇登记失业率为3.9%,比2016年的4.02%略有降低;2017年就业困难人员实现就业人数达177万人,城镇失业人员再就业558万人,分别比2016年增加8万人和4万人。较为平稳的就业形势意味着我国劳动力市场在可控区间内运行,这为我国近两年的平稳劳动关系运行提供了基础和保障[①]。

传统行业随着互联网的发展在"互联网+"的背景下得到创新,也使得我

---

① 以上数据分别来自《2016年人力资源和社会保障年度数据》以及人力资源和社会保障部2017年第四季度新闻发布会上公布的数据。2017年数据详见 http://education.news.cn/2018-01/26/c_12900136.htm。

国的劳动关系变得多元化、复杂化,具有灵活性、多变性。一些学者认为"互联网+"背景下雇佣双方存在劳动关系、劳务关系、合作关系等多种关系,并具备劳动关系灵活性日益明显、从属性趋于弱化等特点,劳动者不再和以前一样处于被动的地位,选择工作的空间更大,更加自由。劳动者在一定程度上掌握了生产要素的配置权,其受支配和受管理的程度大大减弱。同时也产生了许多不同以往的新型劳动关系问题,如灵活的就业方式导致从业者劳动权利受到侵害、劳动保障违法问题多发易发、非正规经济组织的出现损害劳动者的劳动权益;同时由于雇佣关系也更趋复杂化,企业不能适应员工多元化形式造成实际用工关系僵化、矛盾频发等问题,导致劳动关系的矛盾进一步加深,如劳资分配原则与分配手段的矛盾①。

随着日益扩大的大工业合作经济模式的发展,工会组织、劳动就业、工资报酬、工作条件和劳动保障等成为劳动关系的重要体现和内容,也使劳动关系的发展逐步实现了从对立到对话、从冲突到合作、从无序到制度化法制化方向的不断推进。互联网经济创造了新的经济增长点,产生了新的消费模式和商业模式,不断影响和改变着社会生产方式和企业用工模式,从而对新业态下的劳动关系形成了巨大的冲击。主要表现在改变劳动关系存在的基础、改变劳动关系主体、改变劳动基本要素等方面。

在国有企业劳动关系方面,由于国有企业管理者与劳动者在企业生产经营活动中的地位、职能、权力(利)配置与发展能力上的不同,引发国有企业劳动关系紧张。主要表现在现有国有企业的用工制度不利于劳动者的就业公平,工资收入差距扩大加剧了国有企业工人阶级群体分化,以及政府未能充分发挥国有企业劳动关系协调治理的引导作用②。

转型期私营企业劳动关系方面,存在不成熟和不规范问题,学者们指出需要

---

① 衡元元."互联网+"时代下我国劳动关系存在的问题与对策分析[J].四川职业技术学院学报,2018(3):50-53.
② 刘洋.改制后国有企业的劳动关系:现状、问题与协调治理路径[J].教学与研究,2018(7):33-43.

结合血缘关系，将转型期的私营企业劳动关系构建出来。私营企业关键部分的结合中，由于注重专职管理，权力集中在亲友身上，以及家族制度管理中各种问题带来严重的劳资矛盾。对其他非亲属员工而言，存在员工短期合同或者缺乏劳动合同的签订，导致劳动关系极不平衡。这种劳资关系，难以体现出劳动力的根本支配和使用，难以从根本上提高劳动力价值，并且还会受到雇佣劳动力关系全面的约束①。

二、劳动关系治理情况

近几年来，主管劳动关系的政府部门为解决劳动关系的突出问题，制定了一系列法律法规，地方政府也积极响应，出台了相关切实可行政策并根据地方现实开展了系列探索性工作。

2016 年我国政府共出台与劳动关系相关的主要政策文件 15 个，包括劳动监察、劳动争议调解、劳动报酬与福利以及其他劳动关系管理。此外，人力资源和社会保障部还对一些文件调整对象已消失、工作任务已完成的政策文件宣布失效和废止，共计 4 批次。如表 2-1 所示。

表 2-1 我国政府 2016 年发布的与劳动关系相关的文件

序号	政策所属工作类型	发布的时间和单位	文件名称
1	劳动监察	人社部函〔2016〕114 号	《人力资源和社会保障部关于开展用人单位遵守劳动用工和社会保险法律法规情况专项检查的通知》
2		人社厅函〔2016〕160 号	《人力资源和社会保障部办公厅关于举办第六期劳动保障监察机构负责人培训班的通知》
3		人社部令第 29 号	《重大劳动保障违法行为社会公布办法》
4		人社部规〔2016〕2 号	《人力资源和社会保障部关于在人力资源和社会保障领域推广随机抽查规范事中事后监管的通知》
5		人社部规〔2016〕1 号	《人力资源和社会保障部关于印发〈企业劳动保障守法诚信等级评价办法〉的通知》

---

① 巴合提努尔·尔斯别克，陈思羽，杨更生. 转型期私营企业劳动关系的现状与对策［J］. 商场现代化，2018（15）：57-58.

续表

序号	政策所属工作类型	发布的时间和单位	文件名称
6	劳动争议调解	人社厅发〔2016〕109号	《人力资源和社会保障部办公厅　中华全国工商业联合会办公厅关于开展第二批非公有制企业商（协）会劳动争议预防调解示范工作的通知》
7		法释〔2016〕14号	《最高人民法院关于人民法院特邀调解的规定》
8		人社部发〔2017〕26号	《人力资源和社会保障部中央综治办最高人民法院　司法部　财政部　中华全国总工会　中华全国工商业联合会中国企业联合会/中国企业家协会关于进一步加强劳动人事争议调解仲裁完善多元处理机制的意见》
9	劳动报酬与福利	人社部明电〔2016〕6号	《人力资源和社会保障部　发展改革委　公安部　司法部　财政部　住房城乡和建设部　交通运输部　水利部　人民银行　国资委　工商总局　中华全国总工会关于开展农民工工资支付情况专项检查的通知》
10		国办发〔2016〕1号	《国务院办公厅关于全面治理拖欠农民工工资问题的意见》
11	劳动关系管理	人社部发〔2016〕69号	《人力资源和社会保障部　教育部　体育总局　中华全国总工会关于加强和改进职业足球俱乐部劳动保障管理的意见》
12		中发〔2015〕10号	《兵团党委　兵团贯彻〈中共中央国务院关于构建和谐劳动关系的意见〉的实施意见》
13		人社部发〔2016〕96号	《人力资源和社会保障部关于第四批宣布失效和废止文件的通知》
14		人社部发〔2016〕32号	《人力资源和社会保障部　国家发展改革委等七部门关于在化解钢铁煤炭行业过剩产能实现脱困发展过程中做好职工安置工作的意见》
15		人社部发〔2016〕63号	《人力资源和社会保障部关于印发人力资源和社会保障事业发展"十三五"规划纲要的通知》

资料来源：根据肖鹏燕（2018）整理所得。

尽管我国相关政府部门在劳动关系治理上取得一定成绩，但是我国劳动关系治理仍然面临一些困难和挑战。主要表现在：一是经济结构转型对劳动力市场的平稳运行形成一定冲击，如化解产能过剩引发的职工安置问题打破了劳动力市场的常态运行，直接给劳动关系治理提出了难题。二是政府公共部门改革给劳动关系治理增加了工作内容。我国政府职能转变、事业单位改革等公共部门改革事项的推进,以及我国公共部门劳动关系问题凸显,给劳动关系治理提出了新的挑战并增加了工作内容。三是信息技术与产业的紧密结合对劳动关系治理提出了新要求。信息技术在各大行业、产业中的运用和就业样态逐渐多样化,这对我国劳动关系法制建设的发展和变革提出要求①。

三、劳动关系已有研究

构建和谐劳动关系,是确保国家经济平稳发展的重要保障。近年来,我国劳资冲突进入多发时期,其形式更加复杂化、多样化和动态化。劳资冲突大多源于对劳动者权益的损害,本质上是企业内部管理问题。《劳动合同法》实施后,企业原有利益平衡被打破,如何建立兼顾劳方和资方并符合社会利益的雇佣关系,充分保障劳动者权益,将成为企业利润最大化下的硬性约束。立足企业内部管理,加强与劳动者的合作,在管理实践中落实利益相关者契约,建立和谐劳资关系,不仅是社会和谐的前提,更是保证企业应对劳资冲突,平稳快速发展的有效途径。

理论界对和谐劳动关系的研究已有初步探索,从不同角度发表了大量研究成果。卢福财(2006)就基于和谐劳动关系的人力资源管理体系构建进行了探索②;田松青(2008)研究了和谐劳动关系构建与收入分配"二元化"之间的关系③;王晓光(2007)分析了企业薪酬现状对和谐劳动关系构建的影响④;吕景春(2006)从福利经济学角度分析劳动关系和谐的帕累托最优标准,探讨了和谐劳动关系的一般性制度安排⑤;毛勒堂(2007)指出劳动正义是发展和谐劳动关

---

① 肖鹏燕. 我国劳动关系近两年情况综述[J]. 北京劳动保障职业学院学报, 2018(3): 31 - 35, 49.
② 卢福财. 构建基于和谐劳动关系的我国人力资源管理新体系[J]. 经济管理, 2006(10): 28 - 32.
③ 田松青. 收入分配"二元化"与和谐劳动关系构建[J]. 经济管理, 2008(12): 144 - 150.
④ 王晓光. 我国企业薪酬现状及其对劳动关系的影响[J]. 经济管理, 2007(11): 6 - 13.
⑤ 吕景春. 和谐劳动关系: 制度安排与机制创新——一个福利经济学的研究框架[J]. 经济学家, 2006(11): 11 - 18.

系不可或缺的伦理诉求①。然而，对企业和谐劳动关系的评价研究，起步相对较晚。总体上看，对企业和谐劳动关系的评价研究大都基于保护弱势群体目的，主要从两方面展开：一是政府主导，各地区根据和谐劳动关系的评价指导方向提出具体评价指标。比如，2011年，浙江省提出从政府部门工作、企业劳动关系和劳动者满意度三个方面，包括劳动者的经济权益、政治权益、文化权益和社会权益的劳动关系和谐指数评价体系用来测量浙江各地区的宏观劳动关系状况。深圳市2017年发布《盐田区和谐劳动关系评价指标体系》，从劳动关系状态、劳动管理服务效能、劳动关系环境和满意度四个维度共31个具体核心要素对企业劳动关系和谐度进行评价。二是学理方面的研究，学者根据不同研究需求，提出评价目标明确、可操作性强的和谐劳动关系的评价指标，便于做更深入的理论分析，并在理论分析的基础上，提出一些帮助企业改进和发展和谐劳动关系的建议。

本书从伙伴关系视角评价企业劳动关系和谐度，相比主观赋权评估法的层次分析法和德尔菲法，采用更加客观的因子分析法（袁凌等，2011）②，根据不同因子的贡献率，分层确定各个指标的权重，并通过大样本对不同所有制、不同地区和不同行业的工会企业进行较全面的评价。由于我国企业工会更多是政府主导的自上而下的构建，存在形式化、数字化、雇主倾向等问题（常凯，2013）③，当市场无法有效平衡劳资关系时，工会的博弈行为就成为平衡劳动关系的必要因素（许晓军，2011）④。更重要的是，《工会法》《劳动争议调解仲裁法》等建立了以工会为重要参与主体的法律规范；《关于构建和谐劳动关系的意见》的出台，从不同层面对企业建立和谐劳动关系进行指导。习近平（2017）在第十九次全国代表大会上也明确提出，要完善政府、工会、企业共同参与的协商协调机

---

① 毛勒堂. 劳动正义：发展和谐劳动关系的伦理诉求［J］. 毛泽东邓小平理论研究，2007（5）：42－45，85.
② 袁凌，魏佳琪. 中国民营企业劳动关系评价指标体系构建［J］. 统计与决策，2011（4）：34－36.
③ 常凯. 劳动关系的集体化转型与政府劳工政策的完善［J］. 中国社会科学，2013（6）：91－108.
④ 许晓军. 中国工会在构建和谐劳动关系中的合作博弈［J］. 中国劳动关系学院学报，2011（2）：1－6.

制,构建和谐劳动关系①。企业管理实践表明企业工会化率总体上呈现出上升趋势。研究也指出工会企业和入会员工的企业在集体权益和个体权益方面有更好的体现(Yue等,2017;王克,2017;袁青川,2018)②③④。因此,在和谐劳动关系的构建方面,工会发挥着越来越重要的作用,对企业和谐劳动关系进行评价时,有必要区分工会企业与非工会企业,本书只选取工会企业样本作为和谐劳动关系评价指标体系构建对象。

第二节 和谐劳动关系评价现状与问题

一、和谐劳动关系评价现状

(一) 国内和谐劳动关系评价现状

和谐劳动关系的评价主要有三种导向:一是法律规则导向;二是劳动问题导向;三是动态平衡导向。从研究视角来看,主要有公共管理视角、企业管理视角和经济学视角。从评价要素来看,企业和谐劳动关系的度量,大体上有两种方法(张衔等,2012)⑤:一是单一精确数值变量,即把变量作为单一的精确性数值变量来处理,然后选择恰当的统计方法或计量方法进行分析;二是多因素模糊变量处理,即将这些变量作为非精确的涉及多因素的模糊变量来处理,然后采用模糊

---

① 习近平. 决胜全面建成小康社会 夺取新时代中国特色社会主义伟大胜利——在中国共产党第十九次代表大会上的报告[M]. 北京:人民出版社,2017.

② Yue D., Shiya H., Limei L., et al. Labor rights in Chinese manufacturing firms: An empirical analysis based on the China Employer-Employee Survey data [J]. China Economic Journal, 2017, 10 (1): 90-105.

③ 王克. 劳动合同和工会能否保护劳动者合法权益?——基于CGSS(2008、2010、2013)经验数据的实证分析[J]. 南京财经大学学报,2017(3):97-108.

④ 袁青川. 中国工会覆盖效应下的工资溢价实证研究——来自2012年雇员雇主匹配数据的经验[J]. 中国劳动关系学院学报,2018(1):100-113.

⑤ 张衔,谭光柱. 我国企业劳动关系和谐度的评价与建议——基于问卷调查的实证分析[J]. 当代经济研究,2012(1):75-81.

数学方法进行分析。

公共管理视角是法律规则导向，追求劳资双方利益的平衡以及劳动关系的社会效应。政府更加关注民生、推行更加积极的劳动力市场政策可能有助于提高劳动关系的和谐程度（孟大虎等，2016）[①]。政府基于公共管理视角的和谐劳动关系政策，更多是偏向员工的利益。习近平 2011 年提出构建和谐劳动关系"规范有序、公正合理、互利共赢、和谐稳定"的总体目标，强调"构建和谐劳动关系"是解决劳资纠纷问题的需要。2006 年 7 月，国家协调劳动关系三方［社会保障厅（局）、总工会、企业联合会/企业家协会］联合下发《关于开展创建劳动关系和谐企业的通知》，对在全国范围开展创建劳动关系和谐企业与工业园区活动的指导思想、目标任务、创建标准和组织实施等进行了明确；提出和谐企业包括劳动合同、劳动保护、企业民主、精神文化建设、工会制度、特殊人群保护、劳动争议处理等八个方面的标准。在此基础上，各地方分别制定了相关细则。广州提出《创建劳动关系和谐企业、工业园区与和谐劳动关系示范区标准》，具体标准包括：薪酬与福利制度、人才激励与员工发展、企业文化、工资增长制度、社会责任和义务、员工组织认同感等，并于 2014 年印发了《广州市创建劳动关系和谐企业、工业园区和示范区评审办法》。2015 年 4 月，中共中央、国务院印发了《中共中央国务院关于构建和谐劳动关系的意见》，明确了构建和谐劳动关系的指导思想、工作原则、目标任务和具体举措，是转型经济时期构建中国和谐劳动关系的顶层设计和总体部署，并从职工法律保障、协调机制、企业民主管理、劳动关系矛盾调处机制、劳动关系氛围、领导和统筹等多方面对企业构建和谐劳动关系进行了指导。

以政府法规为制度背景的企业管理视角是劳动问题导向，是一种静态的评估，从契约不完备以及合同从订立到终止过程中的冲突与合作两个方面来分析：一方面，劳动双方契约的不完备使管理方和劳动者都有机会主义倾向，在劳动市

[①] 孟大虎，苏丽锋，欧阳任飞. 中国和谐劳动关系指标体系构建及评价：1991 – 2014 [J]. 中国人力资源开发，2016（14）：74 – 82.

场较健全的地方，政府通过违法成本以及工会来约束企业机会主义行为，企业可以通过法律和规章制度来约束员工的机会主义行为；从长期来看，劳资双方这种长期博弈可以达到一种平衡。另一方面，从劳动合同的履行过程来看，劳资双方通过主动合作消除劳动过程中的显性和隐性冲突，也能达到劳资满意的平衡点。因此，企业管理导向的研究包括雇员和雇主的双方利益。比如，秦建国（2008）建立了个别劳动关系、集体劳动关系、社会劳动关系三个层面的综合评价方法①。其中，个别劳动关系包括劳动条件和劳动标准两个二级指标，平等就业、劳动保护、劳动报酬、劳动时间和社会保险五个三级指标；集体劳动关系包括团结度、集体谈判、民主参与、集体争议和集体福利五个二级指标，工会组织、雇主组织、集体协商、职工民主、企业民主、职业培训和企业福利七个三级指标；社会劳动关系包括经济和社会两个二级指标，收入分配、就业状况、经济效益、社会稳定和社会活动五个三级指标。王永丽等（2011）采用定性与定量结合的方法，构建了包括企业经济效益、就业状况、劳动合同、劳动条件、工资状况、工会组织六方面测试广州企业劳动关系和谐度的综合评价指标，并认为除建筑行业劳动关系矛盾较为突出外，整体上劳动关系呈和谐稳定发展的态势②。万华等（2008）对国外劳动关系和谐度的评价进行了总结，并指出西方对企业劳动关系的评价主要集中在集体谈判、参与管理、罢工、员工工作自主性及反馈、劳资冲突及解决等方面③。

经济学视角根据供求关系来探讨企业和谐劳资关系，是动态平衡导向，关注如何在多种投入要素中达到动态的平衡，提出和谐劳动关系的无差异曲线。供给要素一般为企业资源、企业投入意愿，需求要素为员工的物质和精神利益。员工需求要素间有替代效应，满足边际效应递减原则。渠邕和于桂兰（2014）采用此思路提出基于雇主与雇员在劳动过程中的双向满意度的和谐劳动关系指数体系，

---

① 秦建国. 和谐劳动关系评价体系研究［J］. 山东社会科学，2008（4）：62-66，74.
② 王永丽，李菁. 金融危机下的和谐劳动关系研究——基于广州市百家企业的调查［J］. 管理世界，2011（4）：173-174.
③ 万华，卢庆辉. 劳动关系评价指标研究综述［J］. 学术论坛，2008（48）：112-113.

雇主投入要素为企业发展与对员工绩效期望,雇员评价要素主要为生存需要、关系需要和发展需要①。由于员工需求随着企业和员工的职业发展而变动,这种评价方式有较大难度;比如,刚入职的员工可能更注重生存需要,而且企业在处理员工关系时的投入要素也并非完全围绕员工的需求出发。因此,此种评价方法对雇主和雇员投入要素的选择至关重要,对企业的管理要求也很高,这也是很多评价方式采用静态方法的原因。但动态平衡方法为我们理解和谐劳动关系的演变提供了很好的分析框架。

(二) 国外和谐劳动关系评价现状

关于和谐劳动关系的研究,国外学者直接涉及较少。在中国文化背景下,"和谐"一词有着与众不同的影响,这也是中西方文化的最大差异,因此对和谐劳动关系的研究较少。但是,国外学者关于劳动关系理论的创立和发展以及劳动关系的应用研究,对我国和谐劳动关系的构建具有重要的启示作用。关于劳动关系的应用问题,主要从以下方面开展关于具体地域或企业的劳动关系研究:第一,关于工作场所劳动关系的研究;第二,关于劳动关系变革的研究;第三,关于转型期的劳动关系的研究;第四,关于劳动关系构建的国际化比较分析研究。

二、和谐劳动关系评价问题

现有文献关于和谐劳动关系的研究内容较为全面,涵盖了和谐劳动关系的含义、特点、影响因素、评价指标、构建途径等方面。但是,关于企业和谐劳动关系的构建途径多集中于企业外部视角,即更多的是从社会、法律、工会组织的角度提出对策建议,而针对企业自身管理技能和劳动者责任角度的研究成果较少。现有文献的研究角度呈现出明显的多样化现象,涵盖了政治学、经济学、社会学、管理学等多个角度,研究人员的学科背景也呈现出同样的"广泛化"现象。基于不同学科背景和研究角度开展和谐劳动关系的研究,其所获得的研究成果往往具有浓厚的学科色彩和局限性。尤其是基于政治学、经济学角度开展的研究,

---

① 渠邕,于桂兰.劳动关系和谐指数研究评述[J].中国人力资源开发,2014 (15):11-18.

其提出的对策建议往往带有纲领性和指导性特点，企业无法直接采用。

具体来说，关于企业和谐劳动关系评价体系的研究，目前相关研究主要问题表现为以下几个方面：一是指标缺乏系统性，难以进行深入比较。由于评价体系的理论指导不足，各评价指标的关联性不清晰，评价更多停留在简单的数据统计层面，缺乏对不同企业以及同一企业内部的劳动关系状况的深层次研究。二是实证研究不够。大部分评价体系只是对已有评价思路的总结或者是基于某一角度提出评价的思路，进行实证验证的却很少。三是指标选择太宽泛，缺乏实践指导作用。制度层面的和谐劳动关系涉及方方面面，因此，多数研究为全面体现企业和谐劳动关系的现状，选取指标多，评价对象广，这种大而全的评价方式虽能反映国家或区域层面上的企业劳动关系的整体状况，但体现不出企业和谐劳动关系内部关联管理的本质，很难为企业的和谐劳动关系管理提供实质性的建议。四是结合企业和谐劳动关系顶层设计目标，考虑工会管理实践等方面的指标体系较少，这与工会在企业劳动关系管理的作用日益加强的现状不符。

第三节 和谐劳动关系制度建设

一、劳动关系制度演变

中华人民共和国成立以来，政府和市场关系依次经历了"计划经济为主，市场调节为辅""经济计划的综合平衡和市场调节的辅助作用""使市场在国家宏观调控下对资源配置起基础性作用""使市场在资源配置中起决定性作用和更好发挥政府作用"等阶段。劳动关系制度的完善和演变也随之经历了四个发展时期，从多样性到单一性、从单一性回归多样性、从行政性到市场性、进入全新性。

(一)"计划经济为主,市场调节为辅"阶段,劳动关系制度由多样性变为单一性时期(1949~1978年)

从政府(计划)和市场关系的角度分析,这一阶段我国劳动关系制度发展大体主要为两个时期:

第一个时期是1949~1956年的劳动关系多样性时期。1949年9月29日,中国人民政治协商会议第一届全体会议通过了《中国人民政治协商会议共同纲领》,确定了经济建设的根本方针和基本精神:通过公私兼顾、劳资两利、城乡互助、内外交流的政策,达到发展生产、繁荣经济之目的。从而明确了这一时期我国劳动关系运行体制和机制的坐标轴线。一方面中央政府对掌握国家经济命脉的官僚资本采取没收政策;另一方面受当时的社会生产力水平和性质决定,中央政府默认和允许民族资本家、农民、手工业者等私人资本主义经济成分的存在,形成多种形式的劳动关系、私人资本主义工商企业劳动关系、个体企业劳动关系等,体现出新中国经济社会建设初期的劳动关系制度特征。

第二个时期是1956~1978年的劳动关系单一性时期。1956年,由于对社会主义理论和道路的某些误解,不顾生产力水平性质,强化生产资料的全民所有,不仅使生产关系脱离生产力现状,也使多种形式的劳动关系制度发生变异,即与生产资料单一所有的生产关系相适应,社会主义单一性劳动关系成为这一时期社会主义生产关系的一般内容特征。由于单一劳动关系的确立和运行,模糊了劳动关系的形式构成和主体双方,抹杀了劳动者自由、平等、自主劳动,按劳动分配个人消费品的社会地位、经济地位、政治地位,使劳动者丧失了对自己劳动力的所有权,劳动者直接参与管理及直接执行管理的权利被削弱,导致劳动关系制度变革。

(二)"经济计划的综合平衡和市场调节的辅助作用"阶段,劳动关系制度由单一性回归多样性时期(1978~1992年)

这一时期原有单一的劳动关系制度并没有发生根本性的调整,劳动者与政府之间的"统包统配"关系并没有出现实质性的变革,但是由于一系列政策文件、法律法规的出台,使得原有劳动关系制度开始受到冲击和影响,劳动关系开始突破固有的形态,向着市场化方向转变。首先,允许多种经济成分长期共同发展及其市场地位的确立对劳动关系产生了冲击和影响。随着企业及其劳动力双双进入市场,创造了企业作为劳动力需求主体、劳动力作为供给主体,企业自主用人、劳动者自主就业的市场双向选择机制,这使我国探讨建立市场化劳动关系向前迈出了重要的一步。其次,建立社会主义的劳动力市场对劳动关系产生了冲击和影响。多种经济成分的存在,市场机制作用的发挥,劳动力的流动成为一种必然,这就要求必须建立全国统一的劳动力市场。也只有有了一个统一的劳动力市场,市场劳动关系的建立才能成为现实,国有企业的行政性劳动关系才能被割裂。再次,运用工资杠杆作用完善劳动分配关系,对劳动关产生了冲击和影响。最后,以各地区总工会、行业工会、企业工会主导实施的趋向社会化、市场化运作的政府、企业(工会)、劳动者三方协调机制的运行,对劳动关系产生了冲击和影响。

(三)从制度上"更大程度更广范围发挥市场在资源配置中的基础性作用"阶段,劳动关系制度逐步向市场劳动关系过渡时期(1992~2012年)

1992~2012年,是我国加快政府和市场关系调整,发挥市场对资源的配置作用,而且强调要从制度上、从更大程度上、更广范围上发挥市场在资源配置中的基础性作用的阶段。随着国有企业从改革进入改制,以国有企业改制为标志,劳动关系制度变革进入实质性演化时期。2010年中共十七届五中全会审议通过的《中共中央关于制定国民经济和社会发展第十个五年规划的建议》提出"努力形成企业和职工利益共享机制,建立和谐劳动关系"。通过把劳动关系问题写进中共历次党的文献,以及列入国民经济和社会发展规划,不仅表明劳动关系问题已经成为国家制定经济社会政策的基石,也日益明晰了我国社会主义劳动关系的制度特性和内容特征,建立和谐劳动关系成为我国社会主义劳动关系运行制度的功能任务和动力目标属性。

(四)"使市场在资源配置中起决定性作用和更好发挥政府作用"阶段,劳动关系制度进入全新发展时期(2013年至今)

进入全面深化改革新时期后,我国劳动关系制度建设的目标任务使我国社会主义劳动关系更加完善。首先是劳动合同与集体合同制度得到全面贯彻,劳动关系的三方协调机制运行从务虚进入务实；其次是发挥政府和市场作用，从宏观政策与微观主体两个层面逐步完善了企业工资集体协商制度和职工工资增长机制，保证了城镇居民可支配收入与农业劳动力收入的持续增加，使劳动分配关系的制度建设取得重大进展；再次是强化了政府治理、依法治国和完善劳动关系三者之间运动的内生动力性，规避了社会分配不公、收入差距扩大化的风险；最后，虽然我国经济受国内外因素影响，进入新常态运行，但还是有计划地逐步扩大了社会保障覆盖面，提高了社会保障待遇和服务水平。

二、和谐劳动关系制度建设现状

（一）劳动合同制度

1. 劳动合同制度的发展和现状

我国劳动合同制度是随着计划经济向市场经济转变以及市场经济体制逐步健全完善而建立、发展和完善起来的，目前这项制度已经在我国建立并且发挥了积极作用。1983年我国开始在部分国有企业试行劳动合同制度；1986年国务院发布了《国营企业试行劳动合同制度暂行规定》，在国营企业新招收的职工中实行劳动合同制度，开始打破劳动用工制度上的"铁饭碗"。1992年党的十四大提出建立社会主义市场经济体制的经济体制改革目标，劳动关系也随之进行市场化转型。1994年7月，全国人大常委会审议通过了《劳动法》，该法明确规定，建立劳动关系应当订立劳动合同，并对劳动合同的订立原则、订立形式、劳动合同内容、劳动合同期限、劳动合同终止、变更和解除，解除劳动合同的经济补偿、无效劳动合同等作出了详尽的规定。这标志着劳动合同制度进入全面实施阶段，劳动合同制度从此走上了法制化、规范化的轨道。2007年全国人大常委会通过了《劳动合同法》。《劳动合同法》的出台为完善劳动合同制度、协调劳动关系、保护劳动者合法权益提供了重要法律依据。2012年，全国人大常委会又针对实践中劳务派遣用工制度被滥用的突出问题，通过了《关于修改〈中华人民共和国劳动合同法〉的决定》，对劳务派遣用工作出了进一步的具体规范。

目前，各地依据《劳动法》《劳动合同法》和《劳动合同法实施条例》等法律法规，结合本地区实际情况和特色制定劳动合同地方条例或政府规章。其中，山西、吉林、上海、江苏、安徽、山东、重庆、四川、宁夏等省（区、市）制定了劳动合同地方条例；北京、天津、河北、内蒙古、辽宁、黑龙江、浙江、福建、湖北、湖南、广东、海南、重庆、云南、新疆等省（区、市）制定了劳动合同政府规章。

通过分析劳动合同制度在我国的建立和发展过程，可以清晰地看到劳动合同制度伴随着社会主义市场经济体制的建立和完善而同步发展，已经成为一项协调劳动关系的制度安排，为全面推进劳动关系和谐发展提供了强有力的法律支撑，对规范用人单位的用工行为，建立公平有效的劳动力市场秩序，加快劳动保障法律体系建设的进程，依法维护劳动者的合法权益，发展和谐稳定的劳动关系，构建社会主义和谐社会，发挥了极其重要的作用。

2. 全面实行劳动合同制度的重要性

（1）实行劳动合同制度是健全协调劳动关系机制的必然选择。构建和谐劳动关系，必须建立健全各项协调劳动关系机制，使得劳动关系的建立、运行、监督、调处的全过程都有相应的协调劳动关系机制作为保障。劳动合同是劳动关系的起点，是劳动者与用人单位确立劳动关系的法律契约，为协调劳动关系提供基础和前提；可以保障规范劳动用工行为、促进企业发展，是调处劳动争议的重要依据。国家制定《劳动法》和《劳动合同法》，全面实行劳动合同制度，就是要在劳动关系双方权利义务的分配和社会利益的配置上寻找到一个合理的结合点，努力寻求劳动关系双方之间的利益平衡，解决资强劳弱的劳动关系内在特征和普遍现象。我国全面实行劳动合同制度，将劳动合同制度化、法律化，明确劳动合同双方当事人的权利和义务，使得用人单位享有用工自主权，灵活调节劳动力的数量和质量，有利于调动劳动者的积极性，有利于建立稳定的劳动关系、减少劳动争议的发生。

（2）实行劳动合同制度是解决劳动关系突出问题的有效途径。《劳动法》和《劳动合同法》的颁布实施，为建立中国特色社会主义新型劳动关系，健全劳动保障制度，保护劳动者合法权益，提供了有力的法律保障。截至2014年底，全国企业劳动合同签订率达到了88%，据国家统计局发布的《2014年全国农民工监测调查报告》显示，2014年虽然被拖欠工资的农民工所占比重不高且呈下降趋势，但是，被拖欠工资的农民工人均被拖欠工资为9511元，比上年增加1392元，增长17.1%；其中被拖欠工资的外出农民工人均被拖欠10613元，比上年增加1529元，增长16.8%；被拖欠工资的本地农民工人均被拖欠8148元，比上年增加1050元，增长14.8%。由此可知，劳动合同制度虽然已建立起来，但是仍存在一些突出问题，如用人单位尽可能不与劳动者签订劳动合同、以最低的用工成本使用劳动者最具活力的"青春期"、用人单位大量使用劳务派遣工等。为解决劳动合同制度实施中存在的突出问题，必须全面实行劳动合同制度，把劳动合同制度的各项规定真正落到实处，监管用人单位遵守《劳动法》和《劳动合同法》的规定，使劳动合同作为源头协调劳动关系的制度作用得以充分发挥。

（二）集体协商制度

1. 集体协商制度的发展和现状

我国集体协商制度是伴随着社会主义市场经济体制的建立和完善，特别是随着劳动关系领域的深刻变化，在探索实践中逐步建立和发展起来的。最早起源于劳动立法运动。1922年《中国劳动组合书记部在劳动法大纲》中明确提出："劳动者有缔结团体契约权"，把通过集体协商缔结集体合同作为工人运动的斗争纲领之一。1931年中华工农兵苏维埃第一次全国代表大会通过了《中华苏维埃劳动法》，对建立集体协商制度做出规定，并对集体合同内容的法律效力提出了具体要求。中华人民共和国成立后，集体协商制度经历了一个比较曲折的发展过程，1956年中国开始实行高度集中的计划经济体制使集体协商制度逐步停止施行，直到1994年颁布的《中华人民共和国劳动法》正式确立了集体协商制度的法律地位，集体协商制度正式开始施行。2007年颁布的《劳动合同法》在"特别规定"章专门有一节的篇幅对集体合同制度做出更为全面的规定，特别是首次在法律层面对行业性、区域性集体协商制度作出了规定。

从我国集体合同制度的建立和发展历程可以看出，这项制度是与建立和完善社会主义市场经济体制的过程同步发展起来的，也是我国发展社会主义市场经济不可或缺的一项协调劳动关系的制度安排。在坚持和发展市场经济过程中，必须坚持通过集体协商来处理劳动关系双方之间的利益关系、平衡劳动关系双方利益分配，才有利于化解劳动关系矛盾。

2. 推行集体协商制度的重要性

（1）对调整劳动关系具有重要的基础性作用。随着协调劳动关系三方的积极推动，集体协商制度在构建和谐劳动关系中发挥重要作用，对调整劳动关系的重要基础作用也日益增强。截至2017年9月全国签订集体合同246万份，覆盖企业644.1万家，覆盖职工2.9亿人。经过多年实践，集体协商制度不仅完善了企业收入分配制度，还建立了企业和职工利益共享机制；促进了劳动关系双方互利共赢，从而减少和化解了劳动关系矛盾，有效维护了职工劳动经济权益，提升了工会组织的吸引力、凝聚力。但在制度的实施过程中，仍存在一些突出问题，如有的企业集体协商流于形式、合同文本针对性差、合同履约打折扣，以及企业员工对企业的集体协商机制不知晓、不认可、不满意等。要解决这些问题，必须提升集体协商的质量和效果，使制度更加健全完善，强化实施效果，从而充分发挥其在协调劳动关系中的基础性作用。

（2）有利于深化收入分配制度改革。随着社会主义市场经济体制的建立和逐步完善，形成适应社会主义市场经济要求、公正合理、规范有序的收入分配制度，理顺企业内部收入分配关系，妥善协调和处理好各种利益关系，有利于促进社会公平和正义，实现全面建成小康社会、构建社会主义和谐社会的战略目标。国家"十二五"规划纲要和党的十八大报告均提出要"提高居民收入在国民收入中的比重、提高劳动报酬在初次分配中的比重，努力实现居民收入增长与经济发展同步、劳动报酬增长与劳动生产率提高同步"。特别是党的十八大报告，还明确提出"实现发展成果由人民共享，必须深化收入分配制度改革"。面对工资分配领域中的不公和无序现象，不仅需要国家宏观调控和政策引导，更重要的就是在企业层面建立协调劳动关系双方利益的工资集体协商共决机制。2014年，李克强总理在《政府工作报告》中强调"健全企业职工工资决定和正常增长机制，推进工资集体协商，构建和谐劳动关系"。2015年3月《中共中央国务院关于构建和谐劳动关系的意见》制定下发,将推行集体协商和集体合同制度作为构建和谐劳动关系的重要举措作出了规定,体现出党和国家对集体协商工作一以贯之的要求。

近年来,党中央、国务院对集体协商制度建设越来越重视,对集体协商工作要求也越来越深化、具体。原因在于工资收入仍是目前最大的民生问题,也是解决起来最困难的民生问题。收入分配制度关键在初次分配,而解决初次分配中问题的核心是收入分配制度改革,这就需要大力推行集体协商制度,深化集体协商制度合理确定劳动和资本之间的分配关系。

(三) 劳动争议调解仲裁制度

1. 劳动争议调解仲裁制度现状和发展

我国的劳动争议处理体制是根据 1993 年国务院颁布的《企业劳动争议处理条例》建立起来的,1994 年颁布的《中华人民共和国劳动法》进一步从法律层面进行了确认。2008 年施行的《中华人民共和国劳动争议调解仲裁法》除规定部分案件实行一裁终局外,也基本维持了现行体制。目前,我国现行《调解仲裁法》明确了协商、调解、仲裁、诉讼四种劳动争议处理制度。

目前,我国现行劳动争议处理制度在劳动争议处理中发挥了重要作用,但随着劳动关系矛盾凸显和多发,劳动争议案件居高不下,也对当前劳动争议调解仲裁制度提出了迫切需要解决的问题。首先,存在基层劳动争议调解组织不健全现象。企业调解组织不完备,普及面不广,有些地区存在无专职人员、无专项经费、无独立办公场所的情况;其次,劳动争议调解服务能力不高,调解人员综合素质不适应争议处理需要,劳动争议发生后,劳动者不愿意接受企业调解委员会的调解;再次,仲裁机构建设还不能完全适应当前任务的要求,仲裁机构存在办案人员普遍紧缺、队伍不稳定、骨干人员流失较大等现象,使机构处理事务能力不强;最后,仲裁诉讼衔接不够紧密。由于有些劳动保障法律条款操作性不强,相关配套规章、细则未及时出台,导致办案人员自由裁量权增大,案件处理结果不确定性增强。

从以上分析可以看出,新形势下我们要充分认识到劳动关系矛盾调处工作的重要性和紧迫性，不断推动劳动争议调解仲裁机制健全完善，充分发挥协商、调解在处理劳动争议中的基础性作用，加大基层调解组织建设力度，加强劳动争议调解人才队伍建设，不断完善劳动争议仲裁办案制度，为劳动者提供优质高效的仲裁服务。

2. 健全劳动争议调解仲裁机制的重要性

目前我国劳动关系形势从总体上来看是和谐稳定的，但是由于我国正处在社会转型关键期、结构调整阵痛期和经济增长速度换挡期，并且随着经济发展进入新常态，经济下行压力加大，企业生产经营困难增多，结构调整和国企改革阵痛显现等现象使劳动关系也变得更加不稳定。劳动争议案件已经进入多发期并且居高不下。

由此可知，有效化解劳动争议，有利于劳动者权益维护和用人单位的经营发展。一旦劳动争议处置不当、解决不好，不仅会使劳动关系和谐稳定遭到破坏，更会影响企业发展，甚至影响国家改革发展稳定的大局。目前，党和国家十分重视劳动争议调解仲裁工作，将其摆在改善民生和社会发展的重要位置。党的十八大和十八届三中全会提出，健全劳动标准体系和劳动关系协调机制，加强劳动保障监察和争议调解仲裁，构建和谐劳动关系；创新劳动关系协调机制，畅通职工表达合理诉求渠道。《中共中央国务院关于构建和谐劳动关系的意见》对健全劳动争议调解机制提出了明确要求："坚持以预防为主、基层为主、调解为主的工作方针，加强企业劳动争议调解委员会建设，推动各类企业普遍建立内部劳动争议协商调解机制。大力推动乡镇（街道）、村（社区）依法建立劳动争议调解组织，支持工会、商（协）会依法建立行业性、区域性劳动争议调解组织。完善劳动争议调解制度，大力加强专业性劳动争议调解工作，健全人民调解、行政调解、仲裁调解、司法调解联动工作体系，充分发挥协商、调解在处理劳动争议中的基础性作用。完善劳动人事争议仲裁办案制度，规范办案程序，加大仲裁办案督查力度，进一步提高仲裁效能和办案质量，促进案件仲裁终结。加强裁审衔接与工作协调，积极探索建立诉讼与仲裁程序有效衔接、裁审标准统一的新规则、新制度。畅通法律援助渠道，依法及时为符合条件的职工提供法律援助，切实维护当事人合法权益。依托协调劳动关系三方机制完善协调处理集体协商争议的办法，有效调处因签订集体合同发生的争议和集体停工事件。"这为新形势下推进劳动关系矛盾调处工作提供了基本遵循。

总之，要贯彻落实好党和国家的部署要求，构建和谐劳动关系，就要进一步创新和健全劳动争议调解仲裁机制，加大劳动人事争议调处工作力度，有效化解劳动争议。

第三章 企业和谐劳动关系评价体系构建

第一节 和谐劳动关系构建现状

和谐劳动关系能够表现出雇佣主体良好合作状态,因此构建和谐劳动关系成为促进经济社会持续健康发展的一种"软实力",为企业、社会发展提供基础,能够保证员工幸福指数提升以及社会稳定发展,是构建和谐社会的"晴雨表"和"风向标"。但是由于目前我国劳动关系领域呈现复杂化、市场化、动态化,给和谐劳动关系的构建带来许多问题,主要表现在以下几个方面:

一、就业形势严峻

目前我国总体劳动就业形势严峻,以高校毕业生劳动力就业压力、农村转移劳动力就业压力、城镇就业压力以及来自因产业转型升级导致的企业下岗人员的再就业压力为主。同时由于资源约束,导致国内潜在经济增长速度下降以及外围经济增长前景不确定,使我国未来面临的就业形势将更加复杂,就业总量压力和就业结构性矛盾,导致就业稳定性不强。就业的两极格局分化,表明当前经济运行中企业组织提供的就业岗位与人才供给市场的失衡。和谐劳动关系的构建以劳动者就业为基础，因此劳动者就业压力、就业的不稳定性、低安全感和较低的满意度成为构建过程中的主要问题。

二、劳动标准不完善

目前我国没有颁布正式的《劳动标准法》。因此在用工时，用人单位或企业为控制劳动成本，常常不执行或不严格执行国家的有关劳动保障方面的政策法规，导致延长员工工作时间，提高劳动强度，提供不适当的劳动环境和条件的情况经常发生。从而使员工的身心健康受到影响，造成用人单位或企业员工流失现象严重，不稳定性提高，也削减了劳动者的就业质量和就业的满意度，并容易导致各种劳资关系矛盾问题，不利于构建和谐劳动关系。

三、劳动监察力度不够

由于我国制定的《劳动法》《劳动合同法》等长期以来未能有效实施，部分用人单位将自己的意志强加给劳动者，订立"霸王条款"。拖欠工资、欠缴社会保险、劳动合同短期化、实习期长、内容不规范、履行不到位等问题依然存在，得不到政府的有效干预，而劳动者为获取就业机会，选择默默忍受，因此长期无法得到合理、有效解决。甚至有些用人单位为削减劳动力成本，逃避为劳动者缴纳社会保险费和规避因随意解除劳动关系应承担的法律责任和社会责任，不与劳动者签订劳动合同。政府监察力度不够导致《劳动法》《劳动合同法》在实际劳动关系实践中未得到有效执行，劳动者合法权益未得到有效保障，从而使雇佣关系变得日益紧张。

四、雇佣双方力量不均等

随着经济不断发展，资本在发展中的地位和价值被过分夸大，使被雇佣的劳动者在经济发展中的地位和价值被忽略，同时由于劳动者的组织化程度不高、法律意识比较淡薄或处于弱势地位、维权意识不强以及政府干预不够等因素，造成市场经济中的劳资关系极为不平衡。这种不平衡打破了雇佣双方的和谐关系，企业所有者处于过强的主导地位，而被雇佣的劳动者则多属于"无差异的大量供给者",即"强资本、弱劳工",这种现象阻碍了和谐劳动关系的构建。

五、劳动协调机制不完善

目前状况下,劳动关系市场化在不断调整,政府在劳工政策、自身职能定位等方面存在一些问题。首先,政府的劳工政策一直在企业发展和劳工保护、发展经济和社会稳定之间调整,但未从根本上解决问题;其次,某些地方的政府将地方经济发展速度与政绩等同起来,在出现劳动争议的时候,偏袒投资方的利益,忽略劳动者的利益,忽略自身应有的角色意识和职能定位,将经济利益的矛盾演变成了社会性质或政治性质的矛盾。而和谐劳动关系是一种软实力,政府需要将维护劳动者权益、构建和谐劳动关系作为一项重要施政规划,而不能仅仅把经济增长速度作为政绩考量的主要标准。

第二节 和谐劳动关系评价体系构建原则

针对和谐劳动关系构建现状,为防止出现上述问题,本书构建和谐劳动关系评价体系遵循如下原则:①评价体系科学性。基于合作伙伴关系理论及现有研究成果,综合考虑中国构建和谐劳动关系的顶层制度设计,结合劳动法律法规,对企业和谐劳动关系进行全面的评价。②评价主体的行为互动性。企业和谐劳动关系是一个涉及多方主体的复杂系统,并且系统中各参与主体是相互作用,相互影响的,即在进行评估时,要考虑雇员及其雇员组织,雇主及其雇主组织,政府等行为主体的互动关系。③评价指标可操作性。评价指标要容易获取,能通过分开数据或者一手调研获得真实数据。尽可能选取量化指标,便于测量和深入分析。④评价对象代表性。尽管企业和谐劳动关系的建立有法律法规或者管理措施,但是企业容易规避法律法规对企业劳动关系的影响,因此,在选择评价对象时,法律法规和企业管理实践应以员工的感知作为评价依据。

第三节 雇佣合作伙伴关系实践

由于本研究以雇佣合作伙伴关系为视角进行和谐劳动关系评级体系构建,因此本书先从内涵、结构和理论视角对雇佣合作伙伴关系实践进行梳理,为之后体系构建做好理论基础。

一、雇佣合作伙伴关系实践的内涵

20 世纪 90 年代以来的本田罢工、富士康"十三连跳"和用工荒等事件使研究者们开始关注组织内和谐劳动关系的塑造与价值。围绕如何平衡雇主和雇员的利益,人们提出利益相关者理论、合作伙伴关系理论等来研究雇主和员工平等互利机制。合作伙伴关系作为一种新型的雇佣关系模式,运用具有创造性的方法,将雇主与雇员之间的对抗关系定义为合作关系。McCartan(2002)指出雇主和员工双方的合作伙伴关系意味着:雇主与雇员(工会)之间相互信任、尊重、拥有共同愿景、组织内部信息沟通流畅持续和分权化的决策①。

以往研究将合作伙伴关系分为三种观点:第一种观点认为合作伙伴关系是一种通过提高雇员的集体话语权来整合雇主和雇员利益的管理方式。第二种观点将其定义为组织治理和变革的方式之一,明确工会的作用,以促使管理者、工会和雇员相互合作。第三种观点将合作伙伴关系定义为使得雇主和雇员合作的原则或实践。原则旨在关注雇员和雇主之间互利、互惠、承担责任等权利和义务;实践则体现了雇员直接或间接参与组织决策过程、组织与雇员共享信息,以及为雇员

---

① McCartan P. Towards social partnership – Or co – operative industrial relations?[J]. Irish Journal of Management,2002(23):53 – 70.

提供的工作保障等①。

基于第三种观点，王德才（2015）指出劳资伙伴关系实践即伙伴关系实践以劳资双方关系对等为前提，把权力的分配与实现统一起来，进行员工参与、工会参与和培训与开放等实践。席猛等（2013）基于合作伙伴关系理论的核心，以雇佣双方的相互信任与互利共赢为基础，指出合作伙伴关系实践可以提高组织绩效，也可以提高员工从组织中获得的收益②。王德才（2018）指出伙伴关系实践强调雇主、员工和工会三者之间权、责、利的有效整合，以企业与员工之间的双向认可和承诺为基础，企业为履行承诺进行员工参与、分享组织成功、提供就业保障等实践活动，员工为实现承诺通过提高工作能力以匹配企业的发展，从而实现"三赢"的合作模式。

本书采取第三种观点，将合作伙伴关系看作一种实践，从原则、实践和产出三个层面研究雇主与雇员之间的合作伙伴关系实践，将雇主与雇员之间的合作伙伴关系定义为包含员工、工会参与企业管理和沟通实现共同发展，企业、工会通过工作激励为员工提供雇佣保障等实践活动，实现企业、工会和员工三者之间的合作共赢关系，即雇员合作伙伴关系实践。

雇员合作伙伴关系实践中的"参与管理"指工和工会能够参与有关员工自身利益以及公司重大决策方面的管理；"工作激励"指公司能够为员工实现工作柔性，提供绩效反馈，为了充分发挥员工的积极性提供激励性薪酬，以及员工能分享企业成长带来的好处实现利润分享；"沟通发展"指企业为员工提供意见反馈、抱怨申诉的平台，为员工的职业发展提供平台和指导；"雇佣保障"是指为保证员工能够安心工作并且对企业做出承诺提供的就业保障和劳动权益保障③。

---

① Bacon N., Samuel P. Partnership agreement adoption and survival in the British private and public sectors [J]. Work, Employment & Society, 2009, 23（2）：231-248.

② 席猛，赵曙明. 合作伙伴关系实践、劳动关系氛围与组织依附［C］. 第八届（2013）中国管理学年会——组织行为与人力资源管理分会场，2013.

③ 左静，王德才，冯俊文. 伙伴关系视角下的和谐劳动关系评价指标体系构建——以建立工会的企业为例［J］. 经济管理，2018（4）：5-19.

二、雇佣合作伙伴关系实践的结构

Bacon 和 Samuel（2009）根据协议数量来评价劳资伙伴关系，其他学者则用实践和原则来评价。Bohlander 和 Campbell（1994）对劳资伙伴关系的实施与步骤用两阶段模式进行了探索，在企业和政府组织的管理实践的基础上，总结出了劳资伙伴关系建立的必要步骤，提炼出劳资伙伴关系应用模型，将劳资伙伴关系从萌芽到完善的过程，主要分为两个阶段，即劳资伙伴关系形成阶段和劳资伙伴关系管理的实施和固化阶段。在此基础上，Rubin B. 和 Rubin R.（2003）通过对 Indianapolis 市市政改革的分析，发现了劳资伙伴关系对降低市政运营成本和改进市政服务具有积极正向作用，由此他们把建立过程划分为五个阶段：推动阶段、启动阶段、实施阶段、整合阶段和制度化阶段①。Masters 等（2006）在重新将核心定义为劳资双方的交互关系后，将劳资交互行为抽象为沟通和决策制定两个自变量，将控制变量设定为人口统计特征和组织氛围两个变量，把劳动关系氛围作为中介变量，将劳动关系和组织绩效结果作为因变量，并进一步细化了相关变量和指标②。

Guest 和 Peccei（2001）从原则、实践和产出三个不同层面出发，把伙伴关系原则、产出等纳入实践层面进行实证分析，但由于实践内容的复杂性使得研究十分困难。由此，他们通过因子分析和相关分析，识别出善待员工、授权、员工权益、员工义务四个伙伴关系原则；以及参与员工相关事务、参与组织相关事务、弹性工作设计和生活质量改善、绩效管理、员工持股、沟通、关系融洽和工作安全八类实践。同时，从四个不同视角对伙伴实践进行了更进一步的归纳总结：员工视角，有更大的自主权、直接参与、积极的心理契约、更大利润分享权等；员工代表（比如工会）视角，对决策有更大的影响力；股东视角，更高的

---

① Rubin B. and Rubin R. Municipal service delivery, collective bargaining, and labor – management partnerships [J]. Journal of Collective Negotiations, 2003, 30 (2): 91 – 112.

② Masters M. F., Albright R. R. and Eplion D. What did partnerships do? Evidence from the federal sector [J]. Industrial and Labor Relations Review, 2006, 59 (3): 367 – 385.

员工承诺、更大的组织贡献意愿、低的缺勤率和离职率、低的劳资冲突等;产出视角,包括员工、工会和雇主三方利益的伙伴关系产出。

韩国劳动部(Korean Ministry of Labor,2003)从工作安全、员工参与、报酬公平、培训和教育方面的投资、信息分享五个方面提出了劳资伙伴关系的实践要素。工作安全是指雇主采取的确保员工工作安全的措施,包括雇主对员工工作安全、非强迫性裁员以及对员工工作安全所做努力的正式承诺等。员工参与就是管理决策中员工的参与程度,包括工作方式的改变、工作任务选择、重新组织工作和加班时间等。报酬公平指企业能否对员工的努力提供公平的薪酬,从绩效评估、个体绩效和团队报酬三个方面进行评估。培训和教育方面的投资指公司在员工培训和教育项目方面的投入程度,包括任务相关技能培训、职业发展培训、自我授权能力、资金支持等。信息分享就是公司为员工与雇主之间提供的有关员工态度、商业计划、创新等方面的沟通渠道,由信息发布、定期的双边简报等四个方面来测量①。

综上可知,不同学者从实践、原则、产出等角度对雇佣合作伙伴关系实践结构进行划分。本书则采用左静、王德才(2018)所提出的员工参与、工作激励、沟通与发展和雇佣保障雇佣合作伙伴关系实践四维度,该维度划分结合中国情境下的伙伴关系,能客观反映企业和谐劳动关系建设现状,更加适合本书所研究内容。

三、雇佣合作伙伴关系实践的理论视角

劳资关系是劳资合作的独特表现形式,是以雇佣关系为基础的代表雇主利益的组织或企业经营者与其员工及工会之间的各种互动关系。由于经济环境的变化及互联网的快速发展,以及我国经济社会正处于转型时期和全球化过程中,企业雇佣关系也从传统的单一模式转变至多种模式并存的局面。

---

① Korean Ministry of Labor. Overall manual for labor – management partnership. Korean Ministry of Labor [J]. Seoul, 2003, 8 (9): 61 – 70.

20世纪70年代福特主义生产方法的落后，工会的日益强大使雇佣关系最终形成了以劳资集体谈判制度为核心的雇佣关系新形式。在后福特主义形态下，经济中心的转移使得对知识、信息、能力更加注重，雇佣关系由基于集体谈判的集体契约形式转向基于个体特征的个人契约形式①。21世纪在新的市场环境下及全球化的背景下，现代化雇佣关系逐渐形成。赵曙明等（2006）将我国雇佣关系概括为三种形式：以国有和集体企业为主的集体协约型劳动关系模式；以合资及外商独资企业为主的人力资源管理的劳动关系模式；以民企和合资企业为主的劳动关系模式②。Tsui等（1997）基于社会交换理论把雇佣关系分为四种类型：工作导向或准现货契约型、组织导向或相互投资型、过度投资型以及投资不足型。在此基础上，张一弛（2004）基于激励—贡献理论，将中国情境下的企业的雇佣关系模式分为四种：相互投资型（组织导向型）雇佣关系模式、投资不足型雇佣关系模式、过度投资型雇佣关系模式以及工作导向型（准现货契约型）雇佣关系模式③。由于我国已从传统农业转向工业和服务业、计划经济体制转向市场经济体制，新型雇佣关系背景下迎来了无边界职业生涯时代，朱飞（2009）指出可雇佣性重新界定了雇主和雇员的责任和义务，使雇主和雇员之间达成新的互惠关系④。凌玲（2012）基于可雇佣能力视角，将现代企业的雇佣关系划分为三大类型：计划经济时期的国家雇佣劳动模式、市场经济体制转型时期的内部劳动力市场主导型和21世纪以来的外部劳动力市场主导型⑤。

西方雇佣关系中最优模式为组织导向型，然而中国情景下的众多企业以工作导向型为主。王拓等（2010）指出相互投资型雇佣关系是我国企业应对全球化竞

---

① 郭志刚. 雇佣关系治理：从集体主义到个人主义 [J]. 北大商业评论，2016（2）：82-87.
② 赵曙明，赵薇. 美、德、日劳资关系管理比较研究 [J]. 外国经济与管理，2006（1）：17-22，29.
③ 张一弛. 从扩展的激励—贡献模型看我国企业所有制对雇佣关系的影响 [J]. 管理世界，2004（12）：90-98，120-156.
④ 朱飞. 现代企业雇佣关系模式的变革、冲突及其管理策略研究 [J]. 当代经济管理，2009（5）：70-73.
⑤ 凌玲. 员工培训对组织承诺、离职倾向的影响机理研究 [D]. 成都：西南财经大学，2012.

争的有效模式①。

在以动态不确定性为特征的转型经济背景下,新时代的雇佣关系模式打破了雇主和雇员之间的心理契约及互惠关系,主要表现为企业工会功能不完善、组织不健全、企业员工的高度流动性②;企业弹性的需求和雇员所需要的保障发生冲突,员工忠诚指向由工作或雇主转向个人职业发展,雇佣关系超越组织边界无法满足企业的内部组织管理期望。新型雇佣关系以工作关系为主,而不再强调情感联系。组织获得了雇佣柔性以应对环境的变化,却失去了员工的忠诚;员工获得了相应的权利和选择的自由,承担了个人职业发展的责任。新型雇佣关系下劳资双方各有得失,而这种柔性关系是经济变革下的必然。

Guest 和 Peccei(2008)认为,成功的合作伙伴关系要求"在组织和雇员之间形成一套互惠性的承诺和责任",这要求企业要致力于改善雇佣关系并充分协调劳资双方的利益,才有利于提升组织的竞争力,促进我国企业转型发展。

第四节 雇佣合作伙伴关系实践评价模型构建

一、雇佣合作伙伴关系实践模型

从已有伙伴关系实证研究成果来看,多数学者的研究重点在于探析伙伴关系实践对员工行为和态度的作用和作用机制,伙伴关系实践更多是从整体出发进行建构,对其各维度的内涵并没有深入分析。比如,伙伴关系实践的工作参与,从

---

① 王拓,赵曙明. 转型经济下我国企业雇佣关系现状及其引申 [J]. 改革,2010(7):128-133.
② 李召敏,韩小芳,赵曙明. 民营企业雇佣关系模式关键影响因素的多案例研究 [J]. 管理科学,2017(5):119-135.

内容上来看,既包括员工的工作参与,也包括员工代表(工会)的工作参与;沟通机制既包括搭建沟通平台,又包括推动员工职业发展的结果。另外,从评估的角度看,和谐劳动关系构建指标的侧重点不一样,因此,指标的权重对评估会产生重要影响。

本书基于和谐劳动关系构建现状,结合伙伴关系实践的三大基本原则和价值观:承诺建立信任并扩大员工参与,认可各方的合法地位和合理利益,承担推进企业成功的义务,基于科学性、互动性、可操作性等原则,借鉴 Guest 等(2008)对企业伙伴关系实践的评价指标,包括直接参与、员工代表参与、绩效管理、员工持股计划、双向沟通五个维度①,Saridakis 等(2017)识别出的包括直接参与、间接参与、工会协商、沟通、信息共享、绩效反馈、雇佣安全等 15 项企业伙伴关系实践②,以及中国情境下 Meng X. 等(2016)提出的包括员工参与、工会参与、员工培训、利益分享、雇佣保障、工作安全、双向沟通、柔性薪酬八个维度③,王德才(2018)提出的包括工作参与、双向沟通、就业保障、劳动权益、职业规划五个维度,构建中国情境下的企业和谐劳动关系评论体系④。具体来说:包括员工参与管理指标、工作激励指标、沟通与发展指标、雇佣保障指标四个一级指标;直接参与指标、代表参与指标、工作柔性指标、绩效反馈指标、激励性薪酬指标、利益分享指标、员工发展指标、沟通平台指标、就业保障指标、权益保障指标 10 个二级指标;参与投资决策指标、工作灵活性指标、员工态度调查指标等 29 个三级指标(如表 3-1 所示)。

---

① Guest D., Brown W., Peccei R., et al. Does partnership at work increase trust? An analysis based on the 2004 workplace employment relations survey [J]. Industrial Relations Journal, 2008, 39 (2): 124-152.

② Saridakis G., Yanqing Y., Johnstone S.. Does workplace partnershipdeliver mutual gains at work [J]. Economic and Industrial Democracy, 2017, 5 (1): 1-27.

③ Meng X., Qin X., Xiaoyu W., et al. Partnership practices, labor relations climate, and employee attitudes: Evidence from China [J]. Industrial & Labor Relations Review, 2016, 70 (5): 1196-1218.

④ 王德才. 伙伴关系实践对劳资冲突的影响——机制与情境因素研究 [J]. 管理评论, 2018 (1): 89-97.

表3-1 和谐劳动关系评价量表

一级指标	二级指标	三级指标
员工参与管理（I）	直接参与（I1）	I11 员工参与和自身工作相关的决策
		I12 员工参与涉及自身利益的决策
		I13 员工参与公司重大的投资经营决策
	代表参与（I2）	I21 工会参与涉及员工利益的决策
		I22 工会在维护员工合法权益方面发挥了重要作用
		I23 工会参与公司重大的投资经营决策
工作激励（M）	工作柔性（M1）	M11 工作描述具有灵活性
		M12 公司有自我管理工作团队
		M13 公司精心设计工作任务是为了充分发挥员工的技能和能力
	绩效反馈（M2）	M21 对员工进行定期的绩效评估
	激励性薪酬（M3）	M31 员工的薪酬包括基于个体的绩效工资
		M32 员工的薪酬包括基于团队的绩效工资
	利益分享（M4）	M41 员工能分享企业成长带来的好处
沟通与发展（C&D）	员工发展（C&D1）	C&D 11 员工与公司一起发展和商讨自己的职业规划
		C&D12 公司对员工的培训、发展和教育不只是根据当前工作的需要
		C&D13 公司为员工提供继续教育所需的费用
		C&D14 公司拥有通畅的内部晋升渠道
	沟通平台（C&D2）	C&D21 公司有定期的员工态度调查
		C&D22 公司有通告重大事件的平台和渠道
		C&D23 公司定期收集员工意见并及时做出反馈
		C&D24 公司有通畅的抱怨和申诉渠道
雇佣保障（S）	就业保障（S1）	S11 公司为员工提供了很好的就业保障
		S12 只要员工愿意，就能留在公司继续工作
		S13 公司对员工的工作保障有正式承诺
	权益保障（S2）	S21 公司不存在用工歧视
		S22 所有员工都享有假期、退休等各类津贴
		S23 公司为员工提供了公平合理的薪酬待遇
		S24 所有员工都享有医疗健康保险
		S25 员工的工作场所是安全健康的

资料来源：本书整理。

二、描述性统计

问卷各维度的均值、标准差、相关系数和信度系数如表3-2所示。由表3-2可知,雇佣合作伙伴关系实践维度中的参与管理的均值为4.04,标准差为1.59;工作激励的均值为4.84,标准差为1.23;沟通与发展的均值为4.69,标准差为1.42;雇佣保障的均值为5.19,标准差为1.25。

表3-2 各维度的平均数、标准差及Pearson相关性分析

变量	均值	标准差	参与管理	工作激励	沟通与发展	雇佣保障
参与管理	4.04	1.59	1			
工作激励	4.84	1.23	0.73***	1		
沟通与发展	4.69	1.42	0.64***	0.71***	1	
雇佣保障	5.19	1.25	0.62***	0.73***	0.66***	1

注:***表示$p<0.001$,**表示$p<0.01$,*表示$p<0.05$,双尾检验。

在进行相关分析以及后续分析过程中,控制变量的选择有两条标准:一是对解释变量有显著影响的变量;二是相关分析中与解释和被解释变量有相关关系的变量。本书中的控制变量与研究变量相关分析见表3-2,参与管理、工作激励、沟通与发展和雇佣保障四维度之间的相关系数都显著。

三、评价指标体系结构检验

为检验和谐劳动关系指标体系的科学性和合理性,本书对指标体系的信度和效度进行了检验,主要包括评价指标体系的内部一致性信度、验证性因子分析、结构效度和效标关联效度。

(一)内部一致性信度分析

内部一致性信度分析,本书主要采用两个指标:一是条目的总相关系数(Corrected-Item Totel Correlation,CITC)分析。一般而言,CITC<0.3时,可考

虑删除该条目（卢纹岱，2003）①。一个辅助的原则是：如果 CITC 很小，而删除该条目时，它的克朗巴哈信度系数同时变大，就考虑删除。二是内部一致性系数，一般的判断标准是内部一致性系数大于 0.7。

和谐劳动关系问卷的整体 Cronbach's α 信度系数为 0.96，其中参与管理的 Cronbach's α 为 0.91；工作激励的 Cronbach's α 为 0.88；沟通与发展的 Cronbach's α 为 0.91；雇佣保障的 Cronbach's α 为 0.79。

（二）验证性因子分析

本书采用 AMOS21.0 重点参考绝对拟合指标和相对拟合指标来检验模型的拟合度。其中，绝对拟合指标包括：渐进残差均方和平方根（RMSEA）被视为观测适配度最重要的指标，一般来说，RMSEA 值并不存在基准线，越小则模型的适配度越好。相对拟合指标有：比较适配指数（CFI）测量模型从最限制到最饱和时，非集中参数的改善情形。规准适配指标（NFI）用于比较假设模型相对于虚无模型卡方值的一种比值。增值适配指标（IFI）为假设模型与虚无模型卡方值之差和虚无模型与自由度之差的比值。同时，CFI、NFI 和 IFI 三个值越接近 1 表示模型适配度越好。

我们通过验证性因子分析，对竞争模型的拟合情况进行比较确定最佳模型。主要比较了虚无模型、单因子模型、双因子模型、三因子模型和四因子模型五个竞争模型，如果单因子模型的拟合度指数最好，表示和谐劳动关系单一维度可以包括参与管理、工作激励、沟通与发展和雇佣保障四个维度的意义；如果双因子模型拟合指数最好，则表明参与管理与工作激励是密切相关的，沟通发展与雇佣保障是密切相关的。对各因子不同组合进行比较表明，四因子测量模型具有很好的拟合度 [χ^2 (41) = 498，$p < 0.01$；CFI = 0.95，NFI = 0.92，IFI = 0.92，NNFI = 0.90，RMSEA = 0.056]。因此，和谐劳动关系指标体系分为四个一级指标进行测量是最合适的。验证性因子分析如表 3 – 3 所示。

---

① 卢纹岱. SPSS for Windows 统计分析（第三版）[M]. 北京：电子工业出版社，2003.

表 3-3 验证性因子分析

模型	χ2（df）	CFI	NFI	IFI	NNFI	RMSEA
单因子	1532（64）	0.83	0.82	0.83	0.80	0.29
双因子	921（64）	0.86	0.85	0.86	0.83	0.16
三因子	791（43）	0.90	0.89	0.90	0.86	0.12
四因子	498（41）	0.95	0.92	0.92	0.90	0.056

（三）结构效度检验

对结构效度的检验主要考查聚合效度和区分效度。聚合效度（Convergent Validity）也称收敛效度，是指不同的观察变量是否可用来测量同一潜变量。可以用验证性因子分析（Confirmatory Factor Analysis，CFA）来判断观察变量之间的假设关系是否与数据吻合。本书是通过平均方差抽取量（AVE）来判断构念的聚合效度。一般来说，AVE 大于 0.5，表示题项的聚合效度较好。区分效度（Discriminant Validity）指不同的潜变量是否存在显著差异（陈晓萍、徐淑英、樊景立，2010）[1]。本书用两种方法来检验区分效度：首先，运用不同潜变量 AVE 值与不同变量之间的相关系数比较，如果潜变量与其测量条款共有的方差（AVE）大于潜变量的相关系数，则说明各维度具有区分性；其次，运用结构方程模型进行不同因子模型的比较，根据不同模型的拟合指数判定因子结构的优劣。本书主要检验雇佣合作伙伴关系的区分效度。

验证性因素的因子载荷分析表明，各条目在相应潜变量上的标准化载荷系数均在 0.50~0.90，并且全部在 p<0.05 的水平上显著，表明量表有较好的收敛效度。另外，评价指标体系的一级指标的 AVE 平方根大于该一级指标与其他一级指标的相关系数，量表的区分效度较好。因此，本书量表聚合效度能达到统计要求。

（四）效标关联效度检验

效标检验中结果变量的选择要满足两个方面的条件：一是被广泛的理论建

---

[1] 陈晓萍，徐淑英，樊景立．组织与管理研究的实证方法［M］．北京：北京大学出版社，2010：293-294．

构；二是与研究情境相关（Colquitt，2001）①。根据中国情境下的伙伴关系理论构建，Meng X. 等（2016）② 和王德才（2018）③ 基于社会交换理论和工作嵌入理论，分别探讨了伙伴关系实践对员工态度和行为的作用及作用机制。本书以上述研究所选择的结果变量工作满意度、情感承诺、离职意愿和员工反生产行为作为关联效标，与上述研究一致，工作满意度参考 Takeuchi 等（2009）的量表④；情感承诺参考 Allen 和 Meyer（1991）的量表⑤；离职意愿参考 Wang 等（2002）的量表⑥；员工反生产行为参考 Yang 和 Diefendorff（2009）的量表⑦。和谐劳动关系评价指标与关联效标的相关性如表 3-4 所示。

表 3-4 和谐劳动关系指标与关联效标的相关性

		工作满意度	情感承诺	离职意愿	员工反生产行为
和谐劳动关系评价指标体系	参与管理指数	0.393***	0.516***	0.042*	-0.253***
	工作激励指数	0.454***	0.536***	-0.079**	-0.420***
	沟通与发展指数	0.460***	0.569***	-0.059***	-0.380***
	雇佣保障指数	0.520***	0.572***	-0.116***	-0.469***
和谐劳动关系整体评价		0.544***	0.644***	-0.065**	-0.465***

注：*** 表示 p<0.001，** 表示 p<0.01，* 表示 p<0.05。

---

① Colquitt J. A. On the dimensionality of organizational justice: A construct validation of a measure [J]. Journal of Applied Psychology, 2001, 86 (3): 386-400.

② Meng X., Qin X., Xiaoyu W., et al. Partnership practices, labor relations climate, and employee attitudes: Evidence from China [J]. Industrial & Labor Relations Review, 2016, 70 (5): 1196-1218.

③ 王德才. 伙伴关系实践对劳资冲突的影响——机制与情景因素研究 [J]. 管理评论, 2018 (1): 89-97.

④ Takeuchi R., Chen G., Lepak D. P. Through the looking glass of a social system: Cross-level effects of high-performance work systems on employees' attitudes [J]. Personnel Psychology, 2009, 62 (1): 1-29.

⑤ Meyer J. P., Allen N. J. A three-component conceptualization of organizational commitment [J]. Human Resource Management Review, 1991, 1 (1): 61-89.

⑥ Wang H., Law K. S., Chen G., et al. A structural equation model of the effects of multidimensional leader-member exchange on task and contextual performance [J]. Presented at the 17th Annual Conference on Society of Industrial and Organizational Psychology (SIOP), Toronto, Canade, September, 2002.

⑦ Yang J., Diefendorff J. M. The relations of daily counterproductive workplace behavior with emotions, situational antecedents, and personality moderators: A diary study in Hong Kong [J]. Personnel Psychology, 2009, 62 (2): 259-295.

由表 3-4 可知，和谐劳动关系评价指标体系中的参与管理指数、工作激励指数、沟通与发展指数以及雇佣保障指数与工作满意度、情感承诺正相关；与离职意愿和员工反生产行为负相关。这与中国情境下的研究结论类似，因此，总体上看，基于伙伴关系的和谐劳动关系评价指标体系与效标的相关关系都得到验证，表明量表的效标关联效度良好。

综上所述，基于伙伴关系的和谐劳动关系评价指标体系量表具有较好的结构效度、效标关联效度和内部一致性信度。

四、权重确定及指标计算方法

（一）一级指标权重确定方法

一级指标权重采用因子分析法来具体确定，也就是根据不同维度因子对整体的贡献率来确定因子的权重。SPSS 因子分析结果表明，和谐劳动关系整体解释的全部变异量为 61.29%。其中因子 1 为参与管理（I），解释的变异量为 17.33%；因子 2 为工作激励（M），解释的变异量为 16.90%；因子 3 为沟通与发展（C&D），解释的变异量为 13.90%；因子 4 为雇佣保障（S），解释的变异量为 13.16%。假设各因子解释的变异量为 $V_n(n=1、2、3、4)$，总的变异量为 CV，各因子的权重为 $W_n(n=1、2、3、4)$，$W_n = (V_n/CV) * 100\%$。由公式可计算得到因子 1 的权重为 $W_1 = (17.33/61.29) * 100\% = 28.27\%$，$W_2 = (16.90/61.29) * 100\% = 27.57\%$，$W_3 = 22.68\%$，$W_4 = 21.48\%$。于是，和谐劳动关系的函数可表示为：

$$H(LR) = f(I, M, C\&D, S) = W_1 * I + W_2 * M + W_3 * C\&D + W_4 * S$$

其中，"参与管理"指员工和工会有机会参与涉及员工自身利益以及公司重大决策方面的管理。"工作激励"指公司能为员工提供工作团队，为了充分发挥员工的技能而精心设计工作任务，为员工工作业绩提供反馈，为员工的职业发展指供指导，以及员工能分享企业成长带来的好处。因此，工作激励是一种内在激励手段，能使员工从工作本身找到价值，起到真正的激励作用。"沟通渠道"指企业为员工指供意见反馈、抱怨申诉的平台，并定期开展员工态度调查，建立员工态度动态跟踪机制。"雇佣保障"是为使员工长期留在公司所做出的承诺：一是正式的承诺，如不违背劳动合同法的各项规定；二是非正式承诺，主要基于心理契约使员工感知到的企业管理实践，如公平的待遇为员工提供能长期留在公司的选择权。和谐劳动关系因子分析见表3-5。

表3-5 和谐劳动关系因子分析

题项	因子			
	1	2	3	4
员工参与和自身工作相关的决策	0.63	0.20	0.29	0.27
员工参与涉及自身利益的决策	0.73	0.14	0.27	0.28
员工参与公司重大的投资经营决策	0.76	0.07	0.08	0.34
工会参与涉及员工利益的决策	0.73	0.31	0.26	0.17
工会在维护员工合法权益方面发挥了重要作用	0.71	0.28	0.31	0.20
工会参与公司重大的投资经营决策	0.79	0.09	0.22	0.20
工作描述具有灵活性	0.37	0.28	0.48	0.24
公司有自我管理工作团队	0.30	0.17	0.47	0.37
公司精心设计工作任务是为了充分发挥员工的技能	0.34	0.13	0.51	0.47
对员工进行定期的绩效评估	0.11	0.25	0.66	0.27
员工的薪酬包括基于个体的绩效工资	0.14	0.25	0.69	0.13
员工的薪酬包括基于团队的绩效工资	0.28	0.18	0.66	0.15
员工能分享企业成长带来的好处	0.48	0.30	0.50	0.24
员工与公司一起发展和商讨自己的职业规划	0.24	0.18	0.56	0.12
公司对员工的培训、发展和教育不只是根据当前工作的需要	0.29	0.29	0.40	0.45
公司有定期的员工态度调查	0.33	0.07	0.21	0.72
公司有通告重大事件的平台和渠道	0.02	0.41	0.33	0.51
公司定期收集员工意见并及时做出反馈	0.25	0.23	0.25	0.75
公司有通畅的抱怨和申诉渠道	0.33	0.24	0.21	0.71
公司为员工提供了很好的就业保障	0.26	0.58	0.33	0.30
只要员工愿意，就能留在公司继续工作	0.27	0.58	0.06	0.29
公司对员工的工作保障有正式承诺	0.29	0.70	0.11	0.25
公司不存在用工歧视	0.17	0.71	0.28	0.10
所有员工都享有假期、退休等各类津贴	0.13	0.78	0.15	0.15

续表

题项	因子			
	1	2	3	4
公司为员工提供了公平合理的薪酬待遇	0.38	0.54	0.26	0.28
所有员工都享有医疗健康保险	0.07	0.77	0.15	0.04
员工的工作场所是安全健康的	0.19	0.68	0.37	0.06
公司拥有通畅的内部晋升渠道	0.43	0.48	0.38	0.20
解释的变异量	17.33%	16.90%	13.90%	13.16%

（二）二级因子权重确定方法

首先，根据测量题目的内涵把各三级指标进行归类。其次，把每个一级指标提取出来进行因子分析，根据二级指标的维度数量进行因子分析。如"参与管理"包括员工参与和代表参与两个维度，采用主成分分析法进行因子分析时，抽取的因子数量固定为2，根据每个因子解释的方差变异量确定二级指标的权重。

分析表明，一级指标"参与管理"总方差解释量为79.89%，二级指标"直接参与"方差解释量为41.74%。在整体模型中，一级指标"参与管理"方差解释量为17.33%，和谐劳动关系模型整体方差解释量为61.29%。结合上面的数据可以算出"直接参与"的权重为 $W11 = (41.74/79.89) * (17.33/61.29) * 100\% = 14.77\%$，"代表参与"$W12$ 的权重为 $W12 = 13.50\%$。如表3-6所示。工作激励总方差解释量为60.83%，因此，工作柔性的权重为 $W21 = (31.85/60.83) * W2 * 100\% = 7.52\%$，绩效反馈的权重为 $W22 = 7.23\%$，薪酬设计的权重为 $W23 = 7.18\%$，利益分享的权重为 $W24 = 5.64\%$。沟通与发展总方差解释量为69.20%，因此，职业规划的权重为 $W31 = (33.56/69.20) * W3 * 100\% = 13.88\%$，$W32 = 8.64\%$，$W33 = 6.11\%$。分析结果表明，"工作柔性"$M1$ 的权重为7.52%，"绩效反馈"$M2$ 的权重为7.23%，"激励性薪酬设计"$M3$ 的权重为7.18%，"利益分享"$M4$ 的权重为5.64%，"员工发展"$C\&D1$ 的权重为13.44%，"沟通平台"$C\&D2$ 的权重为9.24%，"就业保障"$S1$ 的权重为11.11%，"权益保障"$S2$ 的权重为10.37%。

表3-6 参与管理因子分析

题项	因子	
	1	2
员工参与和自身工作相关的决策	0.27	0.89
员工参与涉及自身利益的决策	0.42	0.81
员工参与公司重大的投资经营决策	0.46	0.67
工会参与涉及员工利益的决策	0.79	0.41
工会在维护员工合法权益方面发挥了重要作用	0.86	0.33
工会参与公司重大的投资经营决策	0.82	0.35
方差解释量	41.74%	38.15%

(三) 三级因子权重确定方法

与前面的类似,根据每个二级指标所包含的三级指标条目数进行因子分析,根据每个条目解释的变异量来确定其权重。比如,对二级指标"直接参与"三个条目进行因子分析,因子旋转时强制设定为3个因子,再将方差贡献率作为题项权重。分析结果表明,I11、I12和I13的权重分别为5.11%、4.96%和4.70%,I21、I22和I23的权重分别为4.69%、4.59%和4.22%,M11、M12、M13、M21、M31、M32、M41的权重分别为2.52%、2.52%、2.48%、7.23%、3.59%、3.59%和5.64%,C&D 11、C&D 12、C&D 13、C&D 14、C&D 21、C&D 22、C&D 23和C&D 24的权重分别为3.40%、3.40%、3.37%、3.27%、2.44%、2.43%、2.22%和2.15%,S11、S12、S13、S21、S22、S23、S24和S25的权重分别为3.73%、3.72%、3.66%、2.14%、2.14%、2.08%、2.04%和1.97%。具体见表3-7。

表3-7 企业和谐劳动关系综合评价指标体系

一级指标	权重(%)	二级指标	权重(%)	三级指标	权重(%)
参与管理(I)	28.27	直接参与(I1)	14.77	I11 员工参与和自身工作相关的决策	5.11
				I12 员工参与涉及自身利益的决策	4.96
				I13 员工参与公司重大的投资经营决策	4.70
		代表参与(I2)	13.50	I21 工会参与涉及员工利益的决策	4.69
				I22 工会在维护员工合法权益方面发挥了重要作用	4.59
				I23 工会参与公司重大的投资经营决策	4.22

续表

一级指标	权重（%）	二级指标	权重（%）	三级指标	权重（%）
工作激励（M）	27.57	工作柔性（M1）	7.52	M11 工作描述具有灵活性	2.52
				M12 公司有自我管理工作团队	2.52
				M13 公司精心设计工作任务是为了充分发挥员工的技能	2.48
		绩效反馈（M2）	7.23	M21 对员工进行定期的绩效评估	7.23
		薪酬设计（M3）	7.18	M31 员工的薪酬包括基于个体的绩效工资	3.59
				M32 员工的薪酬包括基于团队的绩效工资	3.59
		利益分享（M4）	5.64	M41 员工能分享企业成长带来的好处	5.64
沟通与发展（C&D）	22.68	员工发展（C&D1）	13.44	C&D 11 员工与公司一起发展和商讨自己的职业规划	3.40
				C&D12 公司对员工的培训、发展和教育不只是根据当前工作的需要	3.40
				C&D13 公司为员工提供继续教育所需的费用	3.37
				C&D14 公司拥有通畅的内部晋升渠道	3.27
		沟通平台（C&D2）	9.24	C&D21 公司有定期的员工态度调查	2.44
				C&D22 公司有通告重大事件的平台和渠道	2.43
				C&D23 公司定期收集员工意见并及时做出反馈	2.22
				C&D24 公司有通畅的抱怨和申诉渠道	2.15
雇佣保障（S）	21.48	就业保障（S1）	11.11	S11 公司为员工提供了很好的就业保障	3.73
				S12 只要员工愿意，就能留在公司继续工作	3.72
				S13 公司对员工的工作保障有正式承诺	3.66
		权益保障（S2）	10.37	S 21 公司不存在用工歧视	2.14
				S22 所有员工都享有假期、退休等各类津贴	2.14
				S23 公司为员工提供了公平合理的薪酬待遇	2.08
				S24 所有员工都享有医疗健康保险	2.04
				S25 员工的工作场所是安全健康的	1.97

（四）综合评价指标体系

表 3-7 为最终确定的和谐劳动关系综合评价指标体系，以及和谐劳动关

每个题项的评价权重。

由表3-7可知,企业劳动关系和谐度的最终得分为:

$$I = \sum_{i=1}^{3}(I1 \times I1i + I2 \times I2i)$$

其中,I1i 和 I2i 为 I1 和 I2 的权重,分别为 0.0511、0.0496、0.0470 和 0.0469、0.0459、0.0422。

$$M = \sum_{i=1}^{3} M1 \times \beta 1i + \sum_{i=1}^{1} M2 \times \beta 2i + \sum_{i=1}^{2} M3 \times \beta 3i + \sum_{i=1}^{1} M4 \times \beta 4i$$

其中,β1i、β2i、β3i 和 β4i 为 M1、M2、M3 和 M4 的权重,分别为 0.0252、0.0252、0.0248;0.0723;0.0359、0.0359;0.0564。

$$C\&D = \sum_{i=1}^{4}(C\&D1 \times \lambda 1i + C\&D2 \times \lambda 2i)$$

其中,λ1i 和 λ2i 为 C&D1 和 C&D2 的权重,分别为 0.0340、0.0340、0.0337、0.0327;0.0244、0.0243、0.0222、0.0215。

$$S = \sum_{i=1}^{3} S1 \times \mu 1i + \sum_{i=1}^{5} S2 + \mu 2i$$

其中,μ1i 和 μ2i 为 S1 和 S2 的权重,分别为 0.0373、0.0372、0.0366;0.0214;0.0214、0.0208、0.0204、0.0197。

劳动关系和谐度 $HL = \sum(I \times \alpha + M \times \beta + C\&D \times \lambda + S \times \mu)$。其中,α、β、λ、μ 分别为 0.2827、0.2757、0.2268 和 0.2148。

第五节 本指标体系特点

已有研究从不同视角进行构建和谐劳动关系评价指标。杨菊仙等(2017)从新常态视角构建国有企业和谐劳动关系评价体系,关注政策环境、员工归属感、企业和员工发展对其影响[①]；渠邕和于桂兰（2014）则基于劳动关系中雇佣双方的基本供需特征分析，从双方供需特征出发选取指标，提出相对和谐劳动关系指数体系[②]。李玉龙（2016）以广义生态系统视角进行和谐劳动关系指标构建，认为文化、制度、社会经济、个体、劳资关系五大因素共同构成了广义生态系统下和谐劳动关系动态循环系统。相对于已有有关和谐劳动关系评价指标体系的研究成果，本书从雇佣合作伙伴关系视角出发，采用更加客观的因子分析法构建和谐劳动关系评价指标。由于本书所建立的指标体系是在笔者研究水平和客观条件有限的情况下提出的，还有不足之处，需要进一步完善。在该指标体系中，本书意图尽可能使用简单明了的指标来涵盖企业和谐劳动关系的诸多方面，主要有以下特点：

一是本书构建的和谐劳动关系是以"雇佣合作伙伴关系"为主要内容的大范围设计，突出雇佣合作伙伴关系新的理论视角，可以区别以往所建立的指标体系。雇佣合作伙伴关系突出劳动关系参与各方合作、互利共赢特点，规范了各参与主体的权利和义务，体现了参与主体尤其是雇佣或其代表多方的利益博弈，兼顾了效率和公平性的特征，是一种动态的、发展的和谐观。和谐劳动关系不仅受到相关政策、制度、社会经济等方面的影响，而且主要受到雇佣双方之间关系的影响，把统计范围更加细化和精准，更加准确描述企业的和谐劳动关系。

二是所选取指标以客观指标为主，主观指标为辅。指标数据来源决定它的主、客观性质。主观指标如认同感、安全感等，主要来自调查者或受访对象，易受心理状态与暗示作用的影响，一般尽量少用。本书所构建的和谐劳动关系评价体系，在选取指标时，尽量选择客观性的指标，使得数据不会因人的主观变化而变化，因人的好恶而变动，排除了人为因素对某个指标和整个指标体系的干扰。

三是指标体系的可操作性强。本书所构建的和谐劳动关系评价体系是为定量综合评价服务的，因此，指标体系的可操作性是首要考虑的因素，在遴选指标时

---

① 杨菊仙，马浩. 新常态视角下国有企业和谐劳动关系评价指标体系构建［J］. 湖南财政经济学院学报，2017（1）：114－120.

② 渠邕，于桂兰. 劳动关系和谐指数研究评述［J］. 中国人力资源开发，2014（15）：11－18.

除了要以客观指标为主外，还必须考虑客观指标数值的可获得性，尤其是兼顾全国及各地区的数量特征，以动态评价为导向。企业和员工管理或互动过程中对增长型权益的注重，使共同发展和动态评价的评价导向非常明确。

四是本书构建的和谐劳动关系评价体系是在已有研究基础上综合考虑体系的完整性和逻辑关系严谨性之上提出的，确保各维度中包含的指标彼此间存在一定的逻辑关系，既满足评价体系的特性，又从指标本身对测算结果得出的结论赋予一定的解释意义，极大地弥补了现有评价体系的不足。

五是以员工感知为立足点。为避免劳动法律法规以及企业管理实践在推进过程中的脱节，以员工感知为评价出发点，确保了价值体系实践行为在影响结果中有最终的体现，确保了评价结论的真实性，包括个体指标和团队指标。对企业和员工来说，劳动关系和谐程度很大程度取决于企业是否愿意分享共同发展的劳动成果，以及成果产生过程中员工之间的团队合作，因此设置了团队绩效指标、利益共享指标等。同时突出了员工与企业的互动机制。与一般评论体系不同，以伙伴关系视角构建和谐劳动关系要能体现出员工与企业的互动；因此，设置工作柔性指标、沟通平台指标等。

六是强调了工会在构建和谐劳动关系的作用。以往对和谐劳动关系的评价中，对法律法规、企业管理实践以及员工行为上都有涉及，但很少把工会的管理实践融入评价体系中，然而，随着工会化程度的提高，工会管理在构建企业和谐劳动关系中发挥着越来越大的作用，因此，有必要把工会管理实践纳入评价体系中。

因此，本书构建的劳资关系评价体系，有效地兼顾了企业和员工的短期和长期利益，体现了对员工及其代表和企业的基本权益保护，也体现了企业和员工及其代表在未来发展互动过程中利益的一致，有效促进劳资双方长久的和谐与发展。

第四章 不同所有制企业和谐劳动关系比较及分析

第一节 不同所有制企业和谐劳动关系比较

一、数据描述

本部分所涉及的样本来自全国各地区的高新开发区 328 家制造企业的 1911 名员工，主要为长三角、珠三角、环渤海和海西经济区等经济较发达的地区，这些地区民营经济较发达，劳动关系更加活跃多变。其中，长三角地区 194 家企业 933 名员工（样本主要来自南京和无锡）；珠三角地区 55 家企业 426 名员工（样本主要来自广州、深圳和东莞），环渤海地区 18 家企业 149 名员工（样本主要来自天津地区），中部和西部地区 23 家企业 124 名员工（样本主要来自武汉、南昌、安徽和重庆），海西经济区 38 家企业 279 名员工（样本主要来自福建）。我们分别探讨不同所有制企业（主要分为国有企业、中外合资企业、外商独资企业和私营企业四类）在和谐劳动关系二级评价指标上的差异性。

表 4-1 是不同所有制企业和谐劳动关系整体情况。由表 4-1 可知，在调查

不同所有制企业样本中，国有企业和中外合资企业的和谐劳动关系得分超过了平均得分，而外商独资企业和私营企业的得分低于平均得分。其中，中外合资企业的得分最高，为4.897；其次为国有企业，得分为4.784。得分最低的为外商独资企业，得分为4.453；其次为私营企业，得分为4.734。外商独资企业的标准差最小，为0.754，说明外商独资企业和谐劳动关系指数分布较为均衡。私营企业的标准差最大，为1.017，说明私营企业的和谐劳动关系指数分布最不均衡。

表4-1 不同所有制企业和谐劳动关系指数

公司性质	企业数家	均值	排名	中值	极大值	极小值	标准差
国有企业	72	4.784	2	4.654	2.721	6.671	0.835
中外合资	33	4.897	1	5.019	2.505	6.698	0.982
外商独资	35	4.692	3	4.453	3.631	6.532	0.754
私营企业	150	4.611	5	4.734	1.916	6.69	1.017
其他	35	4.666	4	4.649	3.177	6.182	0.625
总计	325	4.693		4.695	1.916	6.698	0.913

表4-2给出了不同所有制企业和谐劳动关系的方差分析结果。由表4-2可知，在和谐劳动关系各二级指标中，直接参与、代表参与、薪酬设计、利益分享、员工发展、沟通平台、就业保障和权益保障等方面有显著差异，在工作柔性、绩效反馈两个指标上则没有显著差异。总的来说，无论何种所有制企业，和谐劳动关系整体表现都不错（二级指标最低得分为3.53，稍高于7点计分量表的中值3.50），这与我国劳动关系整体基本和谐的判断是一致的。具体而言，在直接参与方面，中外合资企业得分最高，最低为外商独资企业；在代表参与方面，国有企业得分最高，最低为外商独资企业；薪酬设计、利益分享和员工发展等方面得分最高为国有企业，最低为外商独资企业；沟通平台得分最高的为国有企业，最低为私营企业；就业保障得分最高的为国有企业，最低为中外合资企业；权益保障得分最高的为国有企业，最低为中外合资企业。

表4-2 不同所有制企业和谐劳动关系方差分析

所有制	直接参与	代表参与	工作柔性	绩效反馈	薪酬设计	利益分享	员工发展	沟通平台	就业保障	权益保障
国有企业	4.14	4.41	4.88	5.45	5.19	5.18	5.09	4.89	5.31	5.62
中外合资	4.27	4.36	4.93	5.27	5.13	5.07	4.92	4.86	4.8	5.25
外商独资	3.74	3.53	4.83	5.29	4.69	4.62	4.63	4.75	4.92	5.3
私营企业	4.09	4.08	4.99	5.25	5.05	5.01	4.81	4.69	4.94	5.3
F值	3.40**	13.06***	1.75	1.67	5.76***	4.79***	6.85***	3.26*	6.98***	6.61***

注：***表示 p<0.001，**表示 p<0.01，*表示 p<0.05。

通过表4-3的多重比较进一步分析发现，在直接参与方面，国有企业、中外合资企业和私营企业都显著比外商独资企业平均得分高，而国有企业、中外合资企业和私营企业之间并没有明显差异；在代表参与方面，国有企业、中外合资企业和私营企业都显著比外商独资企业平均得分高，而国有企业得分显著高于外商独资企业和私营企业；在工作柔性方面，不同所有制企业并没有表现出明显差异；在绩效反馈的平均得分中，国有企业显著比私营企业要高；薪酬设计方面，国有企业、中外合资企业和私营企业都显著比外商独资企业表现更好；利益分享方面，国有企业和私营企业明显比外商独资企业得分更高；在员工发展方面，国有企业、中外合资企业和私营企业比外商独资企业得分高，相对而言，国有企业比外商独资企业和私营企业表现更好；国有企业比私营企业在沟通平台指标上的均值更高；在就业保障和权益保障方面，国有企业比中外合资企业、私营企业和外商独资企业的得分更高；而中外合资企业、私营企业和外商独资企业之间并没有明显差异。因此，总体而言，除了工作柔性指标外，国有企业的得分都明显要高；而在另三种所制企业中，外商独资企业整体上在大多数指标项中的平均得分都处于最低，中外合资企业和私营企业之间并没有表现出明显的差别。

表4-3 不同所有制企业方差分析的多重比较结果

变量名	分析方法	所有（I）	企业性（J）	均值差异（I-J）	显著性
直接参与	LSD	国有企业	外商独资	0.4	0.003
		中外合资	外商独资	0.52	0.001
		私营企业	外商独资	0.35	0.002

续表

变量名	分析方法	所有（I）	企业性（J）	均值差异（I-J）	显著性
代表参与	LSD	国有企业	外商独资	0.89	0
		国有企业	私营企业	0.34	0.001
		中外合资	外商独资	0.83	0
		私营企业	外商独资	0.55	0
绩效反馈	LSD	国有企业	私营企业	0.2	0.032
薪酬设计	LSD	国有企业	外商独资	0.5	0
		中外合资	外商独资	0.48	0.004
		私营企业	外商独资	0.36	0
利益分享	Tamhane	国有企业	外商独资	0.56	0
		私营企业	外商独资	0.4	0.007
员工发展	LSD	国有企业	外商独资	0.46	0
		国有企业	私营企业	0.28	0
		中外合资	外商独资	0.29	0.03
		私营企业	外商独资	0.18	0.048
沟通平台	LSD	国有企业	私营企业	0.21	0.013
就业保障	Tamhane	国有企业	中外合资	0.5	0.003
			外商独资	0.38	0.011
			私营企业	0.37	0
权益保障	LSD	国有企业	中外合资	0.37	0.002
			外商独资	0.32	0.002
			私营企业	0.32	0

注：由于篇幅限制，表格中只呈现有显著差异的结果，下同。

不同所有制样本的总体方差齐（F=0.94，p=0.46>0.05），LSD多重比较结果表明，不同所有制企业间的和谐劳动关系得分有显著差异，具体来看，国有企业和中外合资企业的和谐劳动关系指数得分要显著高于外商独资企业（p<0.05）和私营企业（p<0.05），然而，中外合资企业与国有企业之间以及外商独资企业与私营企业之间的和谐劳动关系指数得分并没有显著差异。

二、结果讨论

通过对前面企业和谐劳动关系指数的二级指标和三级指标的讨论，发现企业和谐劳动关系指数在不同所有制之间差异显著。

（1）员工参与指数。得分最高的为中外合资企业，得分最低的为外商独资企业，多重比较发现，员工参与指数得分方面并没有显著差异。从所有制角度分析，在私营企业中，我国劳动者处于弱势的劳动力买方市场，资方基于利益最大化的目标，为了实现资产增值，加强了对员工的防范，是不会容许员工参与管理的；中外合资企业中，由于中方部分的中介作用，缓和了矛盾冲突，而且中方代表善于处理个人劳资关系，看似增加了员工的参与程度，加之较为完善的"雇佣合同"制度，有效保障了员工参与的权利。因此，相对管理模式更行政化的国有企业、企业现代化体制不健全还处在粗放型经营的乡镇企业和利益导向不遵守规制的外资企业而言，中外合资企业的员工参与程度最高。

（2）工作激励指数。得分最高的为中外合资企业，最低的为私营企业。多重比较发现，不同所有制企业在"工作激励"指数得分方面没有显著差异。中外合资企业相对私营企业而言，处在中国特色社会主义制度下，由于中方资本的参与，使得劳资双方的利益存在一致性，因此在管理中，中方的代表有必要维护本土雇员的利益，同时也对员工的激励作用格外重视；而私营企业中，基于外资方谋求快速暴利的需求，会对雇员存在剥削，本能地要采取降低雇员工资、延长劳动时间、增加劳动强度、忽视安全生产等手段来达到目的，因此对于员工的激励程度最低。

（3）沟通与发展指数。得分最高的为中外合资企业，最低的为私营企业。多重比较发现，不同所有制企业在"沟通与发展"指数得分方面没有显著差异。实践中，中外合资企业的外方代表通常对处理个人劳资关系比较自信，往往作为沟通外资方与员工方的桥梁，加强与员工的沟通，从而缓解了劳资冲突。

（4）雇佣保障指数。得分最高的为国有企业，最低的为私营企业。多重比较发现，国有企业的"雇佣保障"指数得分要显著比私营企业高（$p<0.01$），中外合资企业的"雇佣保障"指数得分要显著比私营企业高（$p<0.05$）。

因此，总体上看，和谐劳动关系具有明显的所有制特征，国有企业和中外合资企业在和谐劳动关系指数以及员工参与和雇佣保障二级指标和三级指标的得分，都要显著高于私营企业和外资企业。这可以从产业视角和人力资源管理视角来分析。国有企业不和谐因素更多来源于企业内部管理不善,可以通过完善企业内部管理和组织创新来化解;中外合资企业产权特征形成的利益分化随着竞争由产品市场转向劳动力市场会逐步减弱,同时劳资关系和冲突的明确化会促成工会利益主体的形成,工会组织通过参与企业事务和劳动争议的处理,使企业劳资关系趋于相对的稳定和谐,因此,中外合资企业在现阶段达到劳动关系的相对动态平衡。而对外商独资企业和私营企业而言,劳资冲突的根源在于权力的失衡,要制衡这种失衡只能通过制度进行干预,制度上的缺失会加剧劳动关系的不和谐状态。

第二节 不同所有制企业和谐劳动关系建设分析

一、国有企业

(一)和谐劳动关系建设现状

国有企业是国民经济的支柱,在经济建设中发挥着巨大的作用。在传统计划经济体制下,我国国有企业呈现出自己特有的劳动关系,严格地讲是一种劳动行政关系。这种特殊的劳动关系与一体化劳资关系有许多相似之处,甚至可以说,就是一种放大的一体化关系。在这种关系中,国有企业资产的所有者——国家和企业的职工成为关系的主体;企业的管理者不是作为关系的一方当事人,他们仅仅是执行、传达、贯彻政府指令和政策的中介;企业中的工会并没有必要代表工人的利益,它们不过是管理者的助手和工人的朋友;在企业内部,工作规则是劳动关系的核心①。

---

① 李琪. 改革与修复——当代中国国有企业的劳动关系研究 [M]. 北京:中国劳动社会保障出版社, 2003: 4-5.

20世纪90年代初,中国进入市场经济时期,国有企业的劳动关系发生了深刻的变化,这些变化主要表现在以下几个方面:

(1)劳动关系正由国家调控转变为市场调控,其基本性质正在逐步向着市场化发展。社会主义市场经济就是使市场在社会主义国家宏观调控下对资源的配置起到决定性作用的经济体,从供给与需求概念、供求关系决定因素的分析中可知,市场是流通关系即供求关系的总和,而供求关系背后则是阶级关系即劳资关系。如今,我国国有企业正经历着历史性的变革,劳动者逐渐摆脱传统体制下计划配置的束缚,作为一种劳动力要素进入市场,在市场机制的调控下,实现资源的最优配置和合理流动。① 在市场化的要求下,国有企业不断改革自身,逐步建立起现代企业制度,确立起以企业为本位的劳动关系运作机制,促使管理者不得不面向市场,运用市场的手段调控劳动关系的运作②。

(2)劳动关系的主体身份逐步凸显,政府角色、经营者和劳动者的地位也逐渐清晰起来。传统的计划经济体制下,政府在劳动关系中扮演着主体身份,这是一种劳动行政关系。但随着市场经济的发展,国有企业改革的深入,确立了管理者作为主体的身份,国家政府逐步退出了企业劳动关系,这是从"劳动行政关系"到"市场劳动关系"的一个重要标志③。政府引导逐渐成为近代以来各国协调劳动关系的重要特征,政府在劳动关系中主要扮演五种角色:政府扮演第三方管理者角色,为劳资双方提供互动架构与一般性规范;政府扮演法律制定者的角色,通过立法规定工资、工时、安全和卫生的最低标准;如果出现劳动争议,政府提供调解和仲裁服务;政府作为公共部门的雇主;政府还是收入调节者④。

(3)劳动关系法制化程度不断提高。随着依法治国的国策逐渐落实,以及市场经济的内在要求,劳动关系确立不断契约化和法制化。契约手段要求,国有企业与员工之间在彼此自愿的前提下签订劳动合同和集体合同来建立劳动关系,

---

① 信卫平.国有企业改革进程中劳动关系市场化对劳动者的影响[J].工会理论与实践,2001(2).
② 郭庆松.企业劳动关系管理[M].天津:南开大学出版社,2001:262.
③ 常凯主编.劳动关系·劳动者·劳权[M].北京:中国劳动出版社,1995:42.
④ 习近平.在党的群众路线教育实践活动总结大会上的讲话[N].人民日报,2013-10-08.

逐步实现劳动关系处理的法律化和规范化。

（4）工会在劳动关系中的职能定位越发清晰。工会的基本职能在于维护员工的权益，但是由于中国特殊的经济体制，中国的国有企业中难以出现一种作为纯粹的维权组织存在的工会团体。特殊处境下的国有企业中的工会，被赋予了两种角色：一是充当原有的"传送带"，负责党和工人中间的信息沟通；二是充当协调人，负责工人和管理方的联络工作，或者作为两者之间矛盾的"缓冲器"。但是不可否认的是，国有企业中的工会也面临着转型，由计划经济的行政化转变为市场经济的市场化，促使着工会转变立足点和重心，将维护劳动者的权益作为自己的职责①。

附：

浙江省省属国有企业建立新型劳动关系实施办法

第一条　为推进省属国有企业的改革和发展，促进劳动力资源的优化配置，切实维护企业和职工的合法权益，加快建立适应社会主义市场经济的新型劳动关系，根据《中华人民共和国劳动法》等有关法律、法规，特制定本办法。

第二条　建立新型劳动关系是指国有企业在改制过程中，通过与职工重新订立劳动合同或终止劳动关系，并支付相应的经济补偿，从而转换历史形成的按所有制性质确定的国有企业职工身份，建立企业自主用工、劳动者自主择业的市场化用工机制。

第三条　要把建立新型劳动关系作为省属国有企业产权制度改革的重要内容，按照依法办理、因地制宜、分类实施的原则，规范有序地做好劳动关系转换工作。

---

① 中国工运学院工会学系集体编著. 向市场经济过渡中的工会工作 [M]. 北京：中国大百科全书出版社，1993：7-9.

第四条　企业改制时，要按规定要求制订转换劳动关系的实施方案。具体程序是：（一）拟订转换劳动关系的实施方案。（二）广泛听取工会和职工意见，在修改和完善的基础上提请职工大会或职工代表大会审议。（三）经企业主管部门或国有资产营运机构同意，报省劳动保障厅审核后实施；涉及国有资产提留的，同时报省财政厅（国资办）审核。

第五条　企业改制后，原劳动合同即行终止。改制后的企业应根据实际情况，在平等自愿、充分协商的基础上，与留用职工重新订立劳动合同，明确规定双方的责任、义务和权利。新订立劳动合同的期限原则上与原劳动合同未履行的期限相一致。

第六条　企业改制时，原劳动合同在未履行完毕前因解除而提前终止的，给予职工必要的经济补偿金；原劳动合同因期满或按当事人约定的终止条件而终止的，给予职工适当的生活补助费。

第七条　与改制企业重新订立劳动合同的职工，其经济补偿金或生活补助费采取以下方式：

（一）改制后仍为国有独资企业且原劳动合同续签的，企业暂不支付经济补偿金或生活补助费；职工改制前后的工作年限合并计算。今后职工离开企业时，应按规定支付经济补偿金或生活补助费。

（二）改制后国有资本全部退出的企业，应向职工支付经济补偿金或生活补助费。

（三）改制为国有持股的企业，可根据实际情况，在前两种方式中选择一种进行。选择第一种方式的，职工经济补偿金或生活补助费应在国有资产中作相应提留，由改制后的企业有偿使用；留用职工改制前后的工龄分段计算。今后职工离开企业时，原提留的经济补偿金或生活补助费应以货币形式支付。

第八条　对未与改制企业重新订立劳动合同的职工，以货币形式一次性支付其经济补偿金或生活补助费。

第九条　经济补偿金按职工在国有企业的工作年限，每满1年发给改制前12个月企业正常经营情况下的职工个人月平均工资。职工个人的月平均工资最高不超过本企业月平均工资的 2 倍；低于企业月平均工资的，按企业月平均工资计发。

生活补助费按职工在国有企业的工作年限，每满 1 年发给相当于职工本人 1 个月的标准工资；但最多不超过 12 个月的职工本人标准工资。

第十条 改为股份制的企业，职工按规定享有的经济补偿金等费用，经本人同意，可以作为入股的股本金。终止劳动合同的职工与留用职工享有同等入股的权利。

第十一条 企业矿产、关闭、解散、撤销时，应根据职工分流安置的不同途径，办理转换或终止劳动关系的相关手续，并给予一次性安置费。安置费原则上按照不超过当地上年度企业平均工资 3 倍的标准提取，由企业根据职工工作年限等因素计发。

女职工在孕期、产期、哺乳期内的，还应按规定一次性发给"三期"间的工资。

第十二条 改制企业应继续履行原企业再就业服务中心与下岗职工订立的基本生活保障和再就业协议，自愿解除协议并终止与企业劳动关系的，除按规定发给经济补偿金外，允许一次性支付其在再就业服务中心剩余期间的基本生活费和社会保险费。

下岗职工在协议期限内，达到离岗退养或本办法第十四条规定条件的，应予办理有关手续。

企业改制后，新的下岗职工不再进入再就业服务中心，直接通过劳动力市场实行再就业。

第十三条 企业改制时，符合离岗退养条件的，按规定办理离岗退养手续，并订立有关协议。职工离岗退养期间，企业应按不低于当地城镇企业职工基本生活费的标准保障其基本生活，并代为缴纳基本养老、医疗等保险费。改制为非国有独资企业的，上述费用从原企业国有资产中提留。

第十四条 企业改制时，男职工年满 50 周岁、女职工年满 40 周岁的，经协商，可不再续签劳动合同，而订立"双缴"协议，即由企业按规定一次性为职工缴纳基本养老、医疗保险费（包括应由职工本人交纳的部分）至法定退休年龄，职工个人不缴费。缴费标准按企业参保的统筹地区有关规定执行。其中，参加省养老保险统筹的，缴费基数按本人上年度缴费工资基数确定，每年按7%的比例递增；养老保险个人账户每年按相应缴费工资基数的11%记账。

尚未开展医疗保险统筹的市、县，基本医疗保险费一次性提取后暂由原企业主管部门负责管理，待当地基本医疗保险方案实施后，统一移交社会保险经办机构。

对实行"双缴"的职工，企业原则上不再支付经济补偿金或生活补助费。今后职工重新就业，用人单位及其本人可继续缴纳基本养老、医疗保险费。个人缴费计入职工个人账户，但不得重复计算缴费年限。

第十五条　企业改制后，必须按规定继续参加基本养老、医疗等社会保险，为职工按时足额缴社会保险费。

离开改制企业自谋职业的职工，可自行到社会保险机构按规定办理基本养老、医疗保险接续手续；到新的用人单位就业的，由用人单位办理基本养老、医疗保险接续手续。职工原有的养老保险缴费年限（含视同缴费年限）予以保留，与续缴年限累计计算；到达法定退休年龄后，由社会保险机构按规定发给基本养老金。

第十六条　对因工负伤或患职业病并经县以上劳动鉴定委员会鉴定为5~6级的伤残职工，原则上由企业安排适当工作。如企业确实无法安排的，按照国家和省有关企业破产政策及工伤职工的待遇标准，从国有资产中一次性提取有关费用，划给社会保险机构，由该机构负责发放。1~6级工伤职工，本人自愿一次性领取待遇的，可按照《浙江省企业职工工伤保险实施办法》规定的标准，一次性计发有关待遇，并终止与企业工伤保险关系。

第十七条　精减人员的生活费按改制时计算到75周岁；供养遗属的生活费，配偶、父母按改制时计算到75周岁，子女、弟妹计算到18周岁，从国有资产中一次性提取，由改制后企业或原企业主管部门按规定发放。

第十八条　改制企业要多渠道筹措资金，按照有关规定支付职工经济补偿金等费用。不足部分由原企业主管部门或国有资产营运机构调剂解决。仍有困难的经严格审计后,由省财政予以适当补助。

第十九条 省属国有企业建立新型劳动关系是一项政策性很强的工作,涉及职工群众的切身利益和社会稳定,要有计划、有步骤地组织实施。有关部门要加强指导和服务,密切配合,共同做好这项工作。

第二十条 本办法仅适用于省属国有企业改制。省属集体企业改制涉及劳动关系转换的,可根据实际参照本办法执行。

第二十一条 本办法由省劳动和社会保障厅负责解释,自发布之日起实行。

(二) 案例分析

党的十八届三中全会指出,国有企业属于全民所有,肩负经济、政治、社会"三大责任",是推动国家现代化、保障人民共同利益的重要力量,必须实现和谐发展,担负重要责任。

胜利油田石油化工总厂是中央直属的国有企业,受到社会的高度关注,其承担社会责任好不好、企业本身和谐不和谐等问题都会被无限放大,使企业声誉和形象受到严重冲击。所以,对胜利油田化工总厂而言,只有更好地实现企业与外部、企业内部之间的和谐发展,才能真正成为"负责任、受尊敬"的国有企业。①

为了推动企业和谐发展,落实"全心全意依靠职工办企业的需要",落实社会责任的需要,落实安全生产责任、保护生态环境的需要,胜利油田石油化工总厂采取了以下举措:

(1) 提高发展效益,提升发展质量,实现发展的可持续,这是企业和谐发展的物质基础。受到社会主义制度改革和市场经济发展的冲击,胜利油田石油化工总厂曾徘徊在关停并转的门槛边,发展受到限制,引发了干部职工思想不稳,

---

① 高卫国. 浅议国有企业如何实现和谐发展——以胜利油田石油化工总厂为例 [J]. 人民论坛, 2015 (20): 100 – 102.

凝聚力下降。企业是社会财富的创造者,没有坚实的物质基础,难以激发企业创造活力,实现最佳效益。因此,近几年来,总厂紧紧抓住良好的发展机遇,先后完成了炼油结构调整、成品油质量升级等一批重点项目,狠抓精细管理,不断提升效益,步入良好发展轨道。企业发展质量和效益的提升,增加了职工收入,增强了职工自尊感。企业长远的发展目标和发展远景,留住了职工的心,激发了职工的工作积极性,企业呈现出心齐、气顺、劲足的良好局面。

(2) 以人为本,坚持职工的主体地位,这是企业和谐发展的动力之源。国有企业是全民所有的,职工在企业中具有主体地位,必须尊重职工的主体地位,始终将职工的利益作为一切工作的出发点和落脚点,实现职工的全面发展。首先,要维护职工的权益。要把维护职工的根本利益作为企业发展的出发点和落脚点,维护好职工的各项权益,健全职代会、厂务质询会、平等协商会等各项制度,注意倾听职工心声,尊重职工意见和建议,让职工的权利得到尊重,意愿得到表达。其次,生活上关心职工,发挥党组织在企业中的中坚作用,履行全心全意为人民服务的宗旨,改善职工的工作条件,优化生活环境,开展帮扶济困活动,积极为职工排忧解难。再次,加强精神上的关怀,人性化工作,传播幸福观念,提升员工幸福感。最后,加强职工培训。为职工提供成长的平台,帮助职工自我发展的实现,营造良好工作氛围,构建"家和文化"企业,实现企业中认同感、归属感的良性循环,实现双赢。

近几年来,胜利油田石油化工总厂大力发展以"家和文化"为核心的发展理念,将以人为本融入"和谐石化"建设中,在党群、干群关系上,通过推行民主管理、定期召开厂务质询会、完善"三务公开"等途径,畅通沟通渠道,密切联系群众,营造了全厂上下的和睦和谐。在劳动关系上,尊重职工的主人翁地位,在成长成才、报酬福利、医疗保健、安全生产等方面保护好职工的合法权益。在人文关怀上,通过创新实施"家和工程"、建立"幸福工作站"、完善帮扶济困长效机制等,让职工感受到家的温暖。实践证明,只有尊重爱护职工,让职工有尊严,共享企业发展成果,才能推动企业和谐发展。

(3) 培育特色企业文化,这是企业和谐发展的精神支柱。优秀的企业文化能推动企业持续、健康、稳定、和谐发展，真正起到育企业之"本"、铸企业之"魂"、谋企业之"道"、塑企业之"形"的作用，推动企业和谐发展。通过对企业文化的宣贯落地，内化于心、外化于形，起到统一人、凝聚人、团结人、号召人、吸引人的作用，营造出浓厚的和谐氛围。

近年来，胜利油田石油化工总厂秉承"为美好生活加油"的企业使命，在中石化"人本、责任、诚信、精细、创新、共赢"核心价值观的框架下，提炼了"团结求实、创新高效"的企业精神，培育了"练就品质、兴我石化"的共同愿景，推出了"家和文化"，建立了"幸福工作站"、短信送祝福平台。在共同愿景的统领下，层层培育了富有个性特色的班组文化，以文化为纽带培养了职工群众对企业的归属感和拥有感，进一步增强了队伍的凝聚力和战斗力。在"想石化总厂好，为石化总厂好"主流价值实践中，组织举办"讲胜利石化故事会"，讲发生在身边的一个个鲜活的人物事迹、一件件感人的故事，告诉大家什么是爱岗敬业、什么是忠诚勤勉、什么是诚实守信、什么是严细认真；小故事蕴含大道理，好故事传播正能量，为企业更有质量、更有效益、更可持续发展提供了精神支撑。

（4）建设安全环保质量品牌，这是企业和谐发展的形象支撑。企业形象是企业的生命。中石化发生"11·22"事故，产生了重大影响。为此，中石化提出并落实"建立最严格的管理制度体系，严抓责任落实，严抓责任追究"，以踏石留印、抓铁有痕的劲头狠抓从严管理，依靠过硬的安全、环保、质量、品牌赢得信任、赢得市场、赢得未来。胜利油田石油化工总厂在安全生产品牌建设方面，从严抓实各项工作，切实提高责任心、执行力，让"制度落地、责任生根"，多年来未发生一起责任事故。在环保品牌建设方面，严格落实建设项目"三同时"要求，从源头上防控，着力加强酸水汽提和污水处理场等环保设施的运行监督，确保外排达标。在质量品牌建设方面，认真践行"每一滴油都是承诺"的理念，严把成品油质量关，向社会展示了负责任的企业形象。积极组织"企业开放日"活动，更加注重追求经济、社会和环境的综合价值，向外界展示石化企业自觉履行社会责任的工作实践和良好成效，进一步加强与地方政府和社会各界的沟通交流，主动接受社会公众和媒体的监督，实现了企业改革发展与履行社会责任高度融合。

（5）建设区域经济社会，这是企业和谐发展的良好环境。企地关系是一项常做常新的工作，在不同的时期有着不同的重点。作为驻地方的央企，在处理企地关系上要立足当前、着眼长远、尊重历史、创新举措，不断推动企地关系向着有利于双方共赢的方向发展。经验表明，只有企业和地方之间，互相尊重对方的利益，互相维护对方的权益，相互支持、共同合作，才能实现双方利益的最大化。作为中石化胜利油田的二级单位，总厂认真落实胜利油田与东营市有关油地帮扶的会议及文件要求，在小城镇配套、特困户住房建设、当地文化教育、敬老事业等方面，给予了力所能及的帮扶，促进了区域经济和社会各项事业的健康发展。共同完善联席会议制度，建立治安联防机制，及时解决工作中出现的问题，化解工农之间的矛盾，确保了总厂输油管线的安全运行。2013年，中国石化和山东省东营市签署了战略合作框架协议，将对石油化工总厂进行改制，吸收地方参股，实现税收当地化，这能够更好地密切企地关系，促进互惠互利。实践证明，企业只有创造良好的周边环境，才能够更加集中精力组织生产运行，实现和谐发展。

但同时也必须认识到，现有国有企业的劳动关系仍然存在一些不容忽视的问题，主要表现在三个方面：第一，政府虽然退出了劳动关系的主体地位，但实质上它仍然在关系中占据有主导地位，排除监督者角色外，它以国有资产所有者代表的身份继续对劳动关系施加影响；第二，国情所致，在我国国有企业中工人与经营者之间没有明确的界定，从而淡化了劳动关系在国有企业中的重要性；第三，国有企业的原有员工对新的劳动关系的不理解，伴生出国有企业改革中产生的职工下岗问题，增加了许多不稳定因素。

国有企业正处在一个过渡阶段，随着国有企业改革及其市场化进程的推进、带来了劳动关系的巨大变化。这种变化总的来说是向着规范化、市场化、契约化和法制化方面发展。在向市场经济的过渡中劳动关系运行机制也发生着市场化的转变，这种转变主要表现为：劳动关系归属企业化、劳动关系运行市场化和劳动关系规范契约化,以雇佣关系为代表的劳动关系占据主流地位。

二、中外合资企业

(一)和谐劳动关系建设现状

中外合资企业作为改革开放的产物,自产生以来就与市场经济紧密联系,并在相当长的一段时间内代表了新型所有制和先进的生产方式与管理手段。在传统的计划经济体制下,由于单一制的主导地位以及"工人阶级的主人翁地位"的理念深入人心,使得"资本"这一概念长期以来不被重视,自然而然淡化了劳动关系存在的必要性。但是,随着市场经济的发展,"资本"以及与之相关的概念再一次被重视,产权变化使得劳动关系逐渐向着规范化、市场化、契约化和法制化方面发展,劳动关系的主体明确,工人在企业中的地位发生了变化,影响着不同所有制企业的稳定,其中劳资冲突与协调在中外合资企业中尤为明显。

佟新(1997)在描述中外合资企业劳资关系现状时,对产权制度和利益分化给予特别强调,认为产权制度和利益分化是中外合资企业劳资关系的前提条件。国家和政府对中外合资企业不再拥有完全产权,只能以出资者身份享有部分产权。佟新认为,产权关系变化使工人在企业中的地位发生了本质改变。中外合资企业中工人与企业所有者、工人与管理者利益发生了明显分化:首先表现为可比利益上的分化,其次表现为工人自身对地位变化的自觉①。不同于以往单一产权的国有和集体所有制企业的结构特征,随着产权结构和产权控制的多元化,人们对不同社会阶层的态度与价值评价也逐步变化,在中外合资企业中工人先赋地位的优越性也不断弱化,旧的劳动关系被打破,雇佣概念产生。

中外合资企业劳动关系具有劳动关系的一般特征,具体表现在以下四个方面:第一,劳资关系由企业中的"雇佣关系"而产生;第二,劳资关系强调和解过程,靠这种和解过程使得双方互相学会了合作与适应的方法和技能;第三,每一种劳资关系系统都形成了管理企业的规则,同时通过集体谈判而达成的合

---

① 佟新. 新时期有关劳动关系的社会学分析[J]. 浙江学刊, 1997 (1).

同、集体协议等成文契约形式在劳动者和资方之间形成了以维护和谐关系为主要目的的工作共同体;第四,政府或者国家借助于法律、规则、协定和奖励制度对劳资关系产生定位、导向等重大影响。同时,政府或国家也强调习惯、风俗、传统、政策的执行,以及通过行政和司法机构的干涉来对劳资关系进行调节①。

必须认识到,随着市场化进程的加快,劳动关系呈现出复杂化、多样化,影响劳动的和谐关系,直接影响劳动双方的利益,因此构建和谐的劳动关系对以中外合资企业为代表的非公有制企业具有特别重要的意义。中外合资所体现出来的劳动关系特征主要表现在下面几个方面:

(1) 工会组织承担了十分重要的责任。工会存在的作用就是为了协调劳资冲突,一方面,工会可以团结员工力量,作为一个集体性诉求,为员工谋求福利,维护员工的利益,反馈员工意见;另一方面,从本质上看,这一切行为其实就是为了解决劳资冲突,合法合理地反映员工要求,防止员工不满情绪挤压导致的员工暴动。实际上,西方管理学者们正是看重这一点而积极倡导工会在企业中设立的重要性的。在欧美公司治理模式中,企业建有工会组织并能够在协调劳动关系上发挥作用,同时经理高管都会比较尊重工会。

(2) 雇佣劳动关系特征在合资企业中表现明显。在一定意义上,劳动关系与生产资料所有制直接匹配,但是传统的公有制下,劳动者只有分工不同没有阶级或其他等级之分,不存在所谓的劳动关系;而私有制下平等关系难以维系,由于劳动与资本的不匹配,以雇佣关系为主的劳动关系体系就显得格外重要。在这类企业中,明显存在着剥削,雇主为了最大限度地获取雇员创造的剩余价值,本能地要采取降低雇员工资、延长劳动时间、增加劳动强度、忽视安全生产等手段来达到目的。因此劳动关系存在对抗性;但同时,由于这类经济体又处在特有的中国特色社会主义制度下,私有经济的劳资双方存在着利益的一致性,都为社会主义现代化建设贡献自己的力量,所以双方应该是平等协商的关系。

(3) 环境因素的影响不容忽视。对中外合资企业劳资关系的影响除了体制

---

① 周长城.西方劳资关系研究的基本问题[J].学术研究,1997(5).

自身因素外，环境因素也不容忽视。一个国家的劳资关系绝不是突变或偏见的结果，而是根植于产生它的社会。

劳动关系不仅仅是工业变化的结果，更是先前社会变迁的综合反映。劳动关系的发展和形成取决于既定社会的主要制度。就中外合资企业劳动关系而言，它是中国改革开放特定环境的产物，伴随中国经济体制改革深化而成长，并已获得法律保障。

（4）法制化进程不断加快。"十一五"期间，我国相继出台了一系列法律法规，从维护弱势群体利益出发，加大劳动权利保护的立法力度。尤其是2007年以来，我国先后制定并颁布实施了《劳动合同法》《促进就业法》《劳动争议调解仲裁法》等重要法规。这些法规的出台，其目的是强化对劳动者合法权益的保护，促进企业构建、发展和谐稳定的劳动关系。因此，从法理上讲，每个企业都应自觉遵守国家法律法规，切实维护员工的合法权益。而构建和谐劳动关系、创建和谐企业则是守法维权的具体体现和必由之路。

但是，目前我国中外合资企业的劳动关系总体上看，仍然存在大量的矛盾，问题频出，主要表现在以下几个方面：

第一，由于中外合资企业作为不同社会制度和不同所有制结构的交叉点，在经营管理活动中难免会出现两种意识形态和两种价值观念的相互碰撞。这就使得原本就模糊不清的劳动关系更加敏感，导致劳资冲突频发。同时，除了一般的劳资冲突特征外，中外合资企业的劳资冲突还因其产权特征具有特殊性。佟新（1997）认为合资企业劳资冲突可以从其规模、表现形式和起因三个方面进行分类：从劳资冲突的规模看，中方作为资方有必要维护本土雇员的利益，并且对集体冲突的敏感度高，常常在个体阶段就将冲突化解，所以很少出现大规模的集体冲突。从劳资冲突的起因来看，实践中，中外合资企业的外方代表通常对处理个人劳动关系比较自信，对处理与集体的关系却往往犹豫保留，持漠视乃至厌恶的态度，对潜在的集体冲突往往采取纵容的态度，这就增加了劳动关系的动荡性，不利于和谐劳动关系的维护。从劳资冲突的表现形式看，冲突均以潜在的形式表现出来。由于外方人员的纵容态度，冲突没有得以排解的渠道，但同时，由于中方的中介性作用,冲突不是以白热化的方式表现,而是以发牢骚或不断反映问题的方式表现出来。①

第二,工会没有发挥应有作用。虽然工会在中外合资企业中本应发挥十分重要的作用,但事实上中外合资企业的工会组织率偏低。由于非公有制企业的领导体制、组织形式和经营机制不同于国有企业,许多企业主仍将工会视作是劳方对资方的"对抗机制",有碍管理人员的工作开展,因此都会从各方面不同程度地限制、阻挠甚至禁止员工组织和参加工会。有些企业主虽然不会正面对抗,但是会想办法将工会转化为其他性质的组织,弱化其功能,甚至将其作为自我服务的组织。在这种情况下,新建企业,特别是三资企业、私营企业工会组建率低,员工的合法权益难以得到保障,更谈不上构建和谐劳动关系。

第三,缺乏相应的员工保障机制。这一类矛盾冲突主要表现在:①劳动合同签订率普遍较低,内容不规范,履约率不高。相当多的企业随意招聘、辞退和解雇职工,特别是部分劳动密集型企业利用试用期的空子,频频解雇新招职工,劳动管理失控,队伍很不稳定,这极大地侵犯了劳动者的权益,容易诱发冲突。②多数企业不遵守国家政府的规定要求,没有健全的保险和失业制度,职员难以享受国家规定的企业保险待遇,使得员工在保险福利方面的待遇得不到落实。③随意压榨员工劳动资源,不执行国家有关工时和工资规定,延长员工工作时间,增加员工工作强度,变相强迫员工劳动。

总之,由于中外合资企业的所有制特性,加之处在中国特色社会主义的大环境下,存在许多对其劳动关系造成不稳定的因素。面对中外合资企业诸多不和谐的劳动关系,要实现劳动关系的和谐管理还有很长的路要走。

(二) 案例分析

1. 广东建雅跨文化冲突问题

广东建雅室内工程设计施工有限公司(以下简称广东建雅)成立于1984年,是中外合资企业,具有独立法人资格,注册资金300万美元,下设有佛山分公

---

① 佟新. 新时期有关劳动关系的社会学分析 [J]. 浙江学刊,1997 (1).

司、河源分公司。公司实力雄厚，是经国家建设部核定可承担各类建筑室内、室外装修装饰工程专业承包一级及建筑装饰设计甲级企业，集机电设备安装工程专业承包二级、消防设施工程专业承包二级、建筑幕墙工程专业承包二级、建筑智能化工程设计与施工二级于一体的综合性企业。

问题：

（1）劳资管理文化的冲突。在中外合资过程中，母国外派的工程师在心理上具有本民族的优越感，无论在信仰、艺术、价值观念、知识、风俗行为准则等各方面都有所区别。外派管理人员存在过于重视传统的科学管理模式而忽视结合当地分公司文化的现象。外派工程师照搬管理模式，导致与分公司管理产生冲突。由于中西方文化不同，中外合资企业文化冲突给人力资源管理带来阻碍；国家文化差异使员工工作目标与动力不一致，从而造成劳资管理冲突问题。

（2）企业薪酬体系的不公平。广东建雅的中方管理者受传统经营管理思想和计划经济的影响较深，例如，工资定级没有按照标准来设置，没有给员工定期培训，薪酬管理也很含糊；注重关系，凡是关系户进来的，不论学历、能力、经验工资定级都较高；人力资源规划方面也没有做好战略规划等。这样的薪酬管理机制不利于对员工发挥激励作用，员工流动性大，员工对工作的积极性不高。中方重人际关系与工作态度，外方更注重个人能力，用物质激励提高企业员工积极性。以上冲突给中外合资双方的发展带来了许多阻碍。

措施：

（1）建立共同价值观，构建和谐企业文化。企业文化是全体员工形成的共同价值观念和行为规范。建立良好的企业文化，有利于员工发挥积极性和创造性，为企业贡献自己的最大力量，这有助于员工和企业之间建立和谐的劳资关系。面对中外合资企业人力资源管理多元化的冲击与摩擦，广东建雅客观、公正地比较并理解不同文化之间的差异，相互包容建立起中外双方共同的价值观，为中外合资企业更好发展打下了坚实基础。双方重新树立企业价值观，结合本土理念，采用本土管理人员。正视自身不足，加强双方管理者与员工的管理培训，逐步提高和完善管理者的素质，使其具备国际化的管理理念、能力与技巧。

(2)建立本土化的管理模式。广东建雅既要改变传统经济体制下国有企业的管理模式,也不能照搬西方资本主义国家的企业管理模式;应在新时代的中国大背景下融合本土化管理模式,对西方先进的管理方法要进行剖析,同时必须结合中国的国情和文化背景,充分体现中外合资的特色,选择适合本企业的管理模式。要结合本土文化,逐步构筑起新的适合广东建雅的合资企业的管理文化,使广东建雅的文化达到更高层次的和谐一致,最终达到双方共赢。

(3)提高劳动者自身素质。劳动者素质的高低影响合资企业的生存与发展,因此劳动者应全面提高自身素质,努力学习,让自己在企业发挥出最大价值,这样既能够促进企业发展,也有利于和谐劳动关系的构建。广东建雅应该注重员工自学能力的提高,在日常工作中注重创新能力的发展,尤其是要注重职业技能的提高。同时,鼓励员工不仅要掌握专业知识,更要通过学习电脑及外语知识达到开阔视野、提高自身能力的效果。丰富知识的掌握和运用,是劳动者进行开拓创新、大胆实践的基础,是构建和谐劳动关系的重要条件。

点评:

目前的中外合资企业所面临的内外部环境日新月异,必须克服内外环境遇到的许多不确定因素,方能保持广东建雅的竞争优势。在全球化的市场中,企业和谐劳动关系面临着巨大挑战,广东建雅必须高度重视并着力落实和谐劳动关系构建,进而充分发挥全体员工的主动性、积极性、创造性,推动企业实现持续发展。

2. GAX 合资企业

GAX 公司成立于 20 世纪 90 年代,最初是一家台资汽车零部件企业,历经股权重组后成为一家合资的企业。公司位于广州经济技术开发区,主营业务是为汽车整车厂提供成套内饰零件。公司秉承中、日文化在劳动关系上的共同点,即以人为本、企业为家的经营理念,致力于向全球客户提供优质产品和服务,营业至今五次获得汽车零部件行业优秀企业称号。GAX 公司自创立以来,为适应经营环境和市场的瞬息万变,不断进行经营革新,以脚踏实地的朴实精神,在稳定中追求成长。一向以顾客的满意就是企业和员工的喜悦为导向,力求技术创新,开发高品质合理成本的产品。客户满意及提高品质一直是公司努力的方向，此外GAX公司的和谐劳动关系建设也在如火如荼地进行着。

在企业设立初期的20世纪90年代末期，中国正处在经济发展的转型初期，政府大规模的招商引资活动以及给予的政策倾斜确实吸引了大批港台和欧美企业来大陆投资建厂，对国民经济的发展起到了重要的推动作用，公司正是在这一时期建成投产的。公司最初是由中国台湾股东主导企业的经营和管理，从而也主导了劳动关系体系的建立；随着日方股东的加入并占有相对多数股权，企业的经营逐渐转变为由日本方股东主导，各项管理，特别是在劳动关系的管理上更体现出日式管理的特点。首先，GAX公司管理中包含有台湾式印记：台湾式管理方法在早期具有鲜明的军事化管理的特点，体现在员工招聘的大量体能训练、培训、日常管理以及薪酬和绩效考核的细致完善，甚至严苛的劳动管理制度，包含多项体罚项目；尽管后来军事化管理的力度大大降低，但还是保留了不少烙印。日本式印记则体现在早期同样具有军事化管理的特征，后来则增加了家族式、人性化的管理理念。在劳动关系的管理上，企业引用了终身雇佣制、年功序列工资制、与企业工会集体协商共享利益的制度三大日本特色的制度。在员工招聘、培训、日常管理以及薪酬和绩效考核等各方面的管理上，废除了招聘歧视、体罚等制度，引入了员工生日会、团队建设活动、改善提案等家族式、人性化的管理方式和方法，最重要的是承认了工会的存在。

在劳动关系问题应急机制方面，GAX公司首先定义了出现劳动关系争端（危机）的表现形式有劳动合同类和非劳动合同类两种。分别包括劳动合同条款内容的歧义导致劳资双方出现矛盾、劳动合同的签订不符合有关程序或法律法规的要求导致劳资双方出现法律诉讼和因为客户订单的减少导致员工休息增多而计件工资减少引起的员工不满或者因为外部的原因（比如南海本田事件）导致员工的群体性观望而导致停工、怠工的；因为公司内部管理措施严重损害了员工利益而导致员工不满的问题类型。其次GAX公司规定了信息上报的途径：出现劳动关系问题（危机）后，相应部门的主管有逐级上报的义务，公司的高层管理人员必须根据事态的发展进行合理的处置并上报各股东方，特别是中方股东的安全综治管理部门。最后，GAX 公司规定了合理处置劳资问题的措施：一是防止劳动关系问题的扩大，进行合理的解释和劝导；二是分析问题发生的原因或背景；三是给出解决的办法和期限；四是充分发挥工会在员工中的影响力，与公司行政方一起进行调解和善后。

在关于劳动争端处置方面，GAX 公司在《劳动关系问题的应急管理办法》中规定或定义了劳动关系问题的表现形式或现象、劳动关系问题的上报、劳动关系问题的处置措施和善后管理的办法。

2010 年末，有三名新入职的员工在试用期中进行听力测试，因神经性耳聋的判定而被取消试用资格并解除劳动关系，其中有一名员工认为自己平时的听力正常而向劳动管理部门提起诉讼。经劳动管理部门出面调解，并在指定的职业病医院进行鉴定，证实该员工在高频噪音的环境下存在器质性（神经性）耳聋的现象，主要是该员工长期戴耳机听音乐且音量过大造成的，公司的处置方式符合有关制度。事后该员工不服，以用工歧视为由继续上诉，劳动管理部门再次出面调解，公司也进一步进行解释，阐明公司是为了该员工的身体健康着想，由于工厂生产现场不同程度存在噪音，虽然有劳动保护措施，但无法避免对有器质性耳聋的员工产生进一步伤害的可能。同时公司人力资源管理部门根据《劳动关系问题的应急管理办法》的精神，请工会代表出面进行调解，经协商核发该员工全月工资，该宗劳动纠纷得以顺利解决。

由此我们可以总结出 GAX 公司的劳资协调机制：公司行政和工会共同设立了名为劳动纠纷调解委员会的机构，由公司工会主席、人力资源管理部门的主管者、生产部门的主管以及工会专职干部担任委员并专门参与劳动纠纷的调解。《劳动关系问题的应急管理办法》和修改后的《劳动人事管理制度》是公司进行劳资协调的主要文件依据。在进一步构建和谐劳动关系机制方面，GAX 公司也有自己的探索：GAX 公司的劳动关系相关的管理制度都将建立和谐劳动关系作为基本宗旨，且 GAX 公司建立劳动关系和谐机制的基石正是新《劳动合同法》，并在此基础上根据自身的管理要求不断补充完善，致力于搭建更为牢固的劳资和谐关系体系。但同时，通过员工走访，还是发现了企业内部存在工作满意度不高，工作积极性不强的现象。GAX 公司于是采取了一系列措施：

首先，建立和谐谈判的机制。GAX 公司的工会经历了建立—怀疑—建设—壮大—信任的过程。南海本田罢工事件唤醒了全体员工的维权意识，所有员工都加入了工会组织。工会进行了改选，通过全体员工的投票，选出了会员代表，再由他们选举出包括工会主席在内的工会委员和工会小组长。新任的工会主席在就职时说，要团结所有员工，把工会建成员工信任和依赖的组织。在工会委员和员工代表中又选出了工资协商代表，开始了真正意义上的与资方面对面的工资集体协商活动。

其次，建立合理薪酬体系。2010 年，公司和工会抓住汽车及零部件制造全行业进行薪酬调整的契机，通过协商，在薪酬结构设计、薪酬水平的内外部竞争性、优化绩效考核管理、增加福利规划、调整薪酬预算等方面进行了深入改革，并制订了今后五年逐步完善的计划。通过人力资源部门和工会的努力，目前建立了一套适合 GAX 公司自身特点的薪酬福利体系，并在 2011~2012 年度进行了实施。

再次，建立市场化的劳动力运行体系。GAX 在人力资源管理模式和薪酬体系的改革中，充分发挥了劳动力市场的作用。对市场中大量存在的普工资源和育成期较长或者市场中稀缺的专业技术人员采用了不同的人力管理体制。对从事体力劳动为主的搬运、清洁等工种，在薪酬预算规划中给予较低的基数和较慢的增长速度，因为这类员工在市场中容易获得，且市场工资水平同样处于低位，这样可以促使该类员工的必要流动以保持较低的劳动成本。对以体力劳动为主但需要专业技术来完成工作的工种，在薪酬规划中的做法是让部分操作技能突出的基层管理人员和骨干薪酬高于其他员工，这样可以尽可能留住一批骨干工人。专业技术人员所掌握的知识和工作技能需要企业的大量人力资本投入，而且育成的时间相对较长，然而这种知识和技能会成为其个人的知识和技能，而且很容易随着劳动者本人的流动转移到其他企业，为了减少其流动并有效激励这些企业的核心力量，避免带来更大损失，需要向他们提供对外有市场竞争力的薪酬和接受继续教育或培训的机会。在 GAX 公司，高层管理者都是各方股东派驻的人员，因此对中层管理者的要求很高，职位越高、责任越大的管理者，其固定的基本工资比例将减少，代之以短期的奖励、长期的奖励和福利。

最后，重视劳动者与企业、政府三方的协调关系。GAX 公司劳资双方约定集体协商从每年的年初调整到 7 月进行，时间的调整，使得劳资双方都有足够的时间做准备，了解本年度的社会经济大环境以及本年度的企业自身经营运行状况。协商时间的适当延后，一方面，资方储存了一定的应对经营环境特殊变化或异常发生的经济基础，劳方也能根据当年的企业经营状况提出合理的要求；另一方面，劳资双方都有足够的时间了解相关行业进行集体协商的资讯、公司内部的员工思想动态和真实诉求，为谈判过程中的灵活反应提供现实依据。在正式协商或谈判之前，当地劳动管理部门和工会机构都能为企业主动提供一些咨询服务，其中非常重要的是近一年来的有关劳动关系或企业经营的法律法规上的变化、周边同行业企业的集体谈判的进展情况和大致的结果等；也会针对 GAX 公司即将进行的集体协商提供一些参考或指导意见，比如调薪的幅度和范围等，使相同类型的企业大致相当，做到行业内的公平，保持相对的劳动力市场的平衡。

三、外商独资企业

（一）和谐劳动关系建设现状

伴随着我国经济体制改革的深化和对外开放的加强，外商开始以各种形式开展对中国的投资，其中一类被称作外商独资企业（以下简称外资企业），这一类企业的资本全部来自于企业所在国家以外的其他国家或地区。

梁宏中（2012）[①] 提出，现阶段我国外资企业的主要特征表现在两个方面：

第一，劳动关系的外源性在这一类企业中表现明显。资本根植于文化之中，伴随着资本的输入，外来资本的外生效应对企业生产方式、技术水平和文化管理等特征产生了深刻影响。因此，输出地的经济、技术、制度和文化等因素都将会

---

① 梁宏中. 外资企业和谐劳资关系的构建——基于转型时期劳动力市场演变的视角 [J]. 现代经济探讨，2012（12）：13-17.

对外资企业的劳资关系产生重要影响。从经营条件上分析,目前我国大多数外资企业具有明显的"中转"特点,也就是说,我国大多数外资企业以从事加工贸易为主,加工从国外进口的产品,再将产成品出售到国际市场,因此,国际经济形势和市场供给的波动都会通过企业的生产经营传导到劳资关系上,从而加剧了劳资关系的不稳定性。因而,我国外资企业资方、劳方与生产经营条件都具有明显的外来因素,劳资关系呈现出鲜明的外源性特征。

第二,劳动关系的嵌入性是这一类企业的另一特征。外资企业的生产过程是外源性的资本技术和企业内生性的劳动力等生产要素相结合进行生产的过程,实质是外源生产要素嵌入特定区域,并与区域经济社会发展有机融合、协同发展的过程。由于外源生产要素的这种嵌入性,企业所在区域的经济、社会、法制、文化等因素也会与外资企业生产经营和劳动关系具有关联效应。其中最重要的影响因素是当地政府,政府发展战略和价值导向、招商引资政策、劳动力市场规制制度建设、劳动力市场规制执行力度等都和企业劳动关系紧密相关。外资企业生产要素的外源性和生产布局的嵌入性相互交织、共同作用,使外资企业劳动关系在治理上呈现出与国有企业和民营企业不同的特点和要求。

此外,彭兆祺等(2004)①认为,在外资企业中迅速发展的雇佣劳动关系,实质上是一种不同利益群体之间的社会关系,因此,她主要从劳资双方参与者角度进行分析。

从外商方面分析,首先,必须认识到强烈的利润动机是造成外资企业劳动关系紧张的根源。在我国,廉价的劳动力、庞大的市场和对外开放政策吸引着外商投资,从本质上,他们的到来就是为了利益。所以,资方为了维护自己的财产安全会采取一切必要措施,同时,为了防范工人并增值资产也会采取一切非常手段,这些都加剧了劳动关系紧张。

其次,在劳动合同制度上,外商企业存在诸多问题:第一,有相当多的外资

---

① 彭兆祺,袁伦渠. 外商投资企业劳资关系分析与对策研究[J]. 中国软科学,2004(5):88 – 92.

企业未与职工签订劳动合同，致使大批职工就业无保证、失业无保险。其原因是，在利益的驱使下，外资企业逃避为职工缴纳社会保险金从而降低生产成本，同时也方便了企业随意开除处罚员工等。第二，合同不规范，缺乏一定的法律效力。企业一方不受任何限制地自由取舍职工，随意变更、修改劳动合同的内容，甚至撕毁合同。由于劳动力供求关系的不均衡以及外资企业相对较高的待遇等原因，客观上纵容了外资企业在劳动合同中对职工权利的漠视。

最后，在工资分配制度上，工资偏低和克扣工资现象频出。大量的不合理加班使得员工的工作精神力下降，反抗情绪递增，为和谐劳资关系增添了不稳定因素。

从中方方面分析，由于长期以来的单一公有制环境下养成的行政管理思维，政府在执行对外开放政策时，往往重引进轻管理，姑息了资方的侵权行为。究其原因主要表现在两个方面：一是行政管理体制下的政府往往更注重于政绩，政府领导往往不惜以牺牲员工权益为代价，打着"不要影响投资环境"的口号，纵容资方的侵权行为；二是经济利益的牵扯，在中国的人情政治氛围下，基层干部与投资者多保持着一层私人关系，甚至出现"裙带关系"——许多干部的亲戚就是投资者或是在外资企业任职；在利益的驱动下，往往漠视现有的劳动关系问题和冲突。

同样的情形也反映在外资企业中的中方管理人员身上。基于自身发展需要和经济利益驱动，外资企业的中方管理人员往往站在工人的对立面，也就是站在外商投资方一边，纵容外商的肆意妄为甚至为其出谋划策，使得中方职工失去了最低层次的保护。

在员工方面，中国庞大的劳动力买方市场，注定了他们在劳动关系中的弱势地位，他们的利益往往容易受到侵犯。但是随着市场体制的不断完善和法制建设的不断推进，法制观念深入人心，价值观不断更新，除追求高额报酬外，员工们还要求自身的自尊心、荣誉感和成就感的满足，并学会运用法律的武器维护自己的权益，这也导致了劳资冲突的增多。

综合分析，我们发现劳动力的供求状况在外资企业的劳动关系问题中占据重要的地位，外源性的劳动关系为外资企业的劳资冲突加剧了不稳定性，此外便是政府规制和法律的不完善，阻碍了员工参与，不利于员工维护自己的合法权益。

（二）案例分析

1. 广州本田零部件制造有限公司罢工事件

2010年5月17日，本田汽车零部件公司近百名员工因不满工资低、福利待遇差，停工一天。5月21日，因传言公司已赴湛江等地大量招聘新工人，公司不会给员工加薪，员工们开始第二轮停工。5月22日，公司通过广播宣布与"参与集体怠工、停工、集会"的两名停工者解除劳动合同。5月24日，公司公布了对停工事宜的解决方案：本田零部件公司员工的补贴比之前提升了55元。5月26日，本田宣布新工资调整方案，实习生工资及补贴每月增加477元，其余员工按级别每月分别增加340至355元不等，工人不接受，继续罢工。5月27日，本田公司发布消息，由于零部件供应中断，4家在华整车工厂均被迫停产。本田在中国的整车合资公司——东风本田和广州本田均已停工。此次劳工纠纷波及范围进一步扩大，东风本田发动机厂也同时停产。5月30日，在当地政府和工会组织的强力调解下，工人同意了加薪366元的解决方案。6月1日，工厂部分工序恢复生产；6月2日，员工全部返回工作岗位并复工。

事件起因：

本次停工门事件，有媒体称根源是本田佛山零部件公司的工人对薪酬体系不满。本田方面派驻这家零部件公司有30人左右的日本支援者，他们的年薪与中国工人相差50倍。这成为引发工人情绪的主要原因。

一位员工称，公司一个20多岁的日本支援者曾自称每月工资有5万元人民币，这还不包括令人艳羡的补贴和福利。以部长为例，每月收入可达10万元人民币以上。

5月17日晚，本田零部件公司停工的帖子出现在各大网站上。一位本田零部件公司员工晒出了工资清单：南海本田一级工资1510元，扣除养老保险（132元）、医疗保险（41元）、住房公积金（126元），到手的工资为1211元。

工人提出了提薪、改革公司薪酬制度和变革公司管理制度三个要求。在薪水方面，希望薪酬能够提高 800 元到 1000 元；薪酬制度方面更为合理；管理制度透明化，这里主要是财务公开透明，尤其是日籍员工以及管理层的开支。

总结起来，原因主要是体现在四个方面：

(1) 薪酬体系不合理，员工生活难以保障。本田零部件公司一名员工在网络发帖称，其每月扣除各项保险等费用后的收入仅为 1211 元。若除去住房等其他开支，每月收入仅剩 456 元。本田零部件公司另一名员工则表示，其月收入最低时仅为 700 余元。普通员工连基本生活都无法保障的现状，是导致工人罢工的直接原因。

(2) 晋升体制不完善。每个企业都应该有其完善的晋升体制，给予员工事业上的上升空间，以提高员工的积极性，减缓员工的流动性。但是，广州本田公司却没有完善的晋升体制。目前南海本田薪酬体系分为五大级别，每个级别下面有 15 个小级别，共 75 个级别，每年评审一次，合格后就晋升一级，等于升一大级工资要 15 年。再者，南海本田工厂管理层级从下到上分为班长、系长、副科长、科长、副部长、部长。但中国人最多做到副科长，科长及以上级别管理人员均为日方人员。显而易见，本田公司的人员晋升体制严重缺乏公平性。这种完全斩断中国人员晋升道路的行为，也激发了员工严重的不满。

(3) "血汗工厂"的管理思维。据工人介绍，中日员工工资相差了 50 倍之多。一边是和当地最低收入标准相近的收入，一边却是天价工资和高福利。这本身不利于公司的内部管理，不利于激励员工进行积极的创造性活动。这样的工资体系无疑反映了本田汽车零部件公司"你能干就干，不能干就走人"的管理思维。说白了，本田汽车零部件公司基本就没把当地员工真正当成自己的员工，而只是一个"劳动工具"。这是一种"血汗工厂"的管理思维。

(4) 企业文化和教育落后。广州本田现阶段还是沿用传统工厂式管理，员工工作时间长，劳动强度大，更换频繁。培训期短（仅为三天），公司内部知识、技能普及率低，加上员工大多为 90 后而且本身受教育程度低，导致公司整体员工素质较差。公司内部文娱活动较少，文化封闭，员工难以安定。

专家点评：

国务院发展研究中心企业研究所副所长张文魁表示，在市场经济条件下，劳资双方发生纠纷很正常，各方应用平常心去看待，在法律框架下解决问题。"现阶段，劳动力从无限供给向有限供给转变，有罢工是正常的，没有反而不正常。如何处理好劳资关系，加强员工权益保障，对市场经济条件下的中国现代企业来说是全新的课题，应引起企业的关注"。

张文魁认为，要通过法律约束、道德约束、政府监管三管齐下来加强员工权益保障，还要逐步完善工会组织。但员工工资待遇的提升，最根本的还是要靠劳动力供求关系的转变来实现。

对本田零部件公司中日员工收入差距过大的问题，张文魁表示无法评价，因为企业有权按照员工国籍所在地的标准、工作性质的不同决定工资。但张文魁强调，现代企业应当有更强的社会责任感，坚持可持续发展，使员工和企业共同成长。"对一些将员工工资压到底线（当地最低工资标准）的企业，只要它不违法，也没什么好办法，但这种企业缺乏社会责任感，是不可持续的"。

2. 宝洁公司和谐劳动关系

宝洁公司在中国的中级、高级管理岗位大多数还是从外国员工中调任，中国本地的员工非常少。宝洁公司正在逐步推行中国员工本土化方案，给中国员工设置、安排了适合他们本身情况的培训计划，非常注重对中国本土人才的培养和提拔。在不久的将来，有望实现中国本土人才成为宝洁中国的中高级管理的主要组成人员。宝洁发展至今接近200年，在其内部形成了非常完善的人才培训制度，它同时也是宝洁最受欢迎和赞誉的制度中的一部分。宝洁公司制定的培训方式多种多样，在培训过程中将各种方式相结合，共同进行。其中，有远程直播培训、远程会议培训、在网上开展课程的培训、跟在学校学习方式一样的课堂式培训、在岗培训等方式。所有的培训方式中，最主要的是在岗培训，包括有导师制、直接经理制等。

宝洁公司的每个部门培训的内容都不相同，培训方式方法也有差别，都是根据部门具体情况以及工作人员的工作时间、职位情况等来设定，对不同情况的员工设定不同的培训课程。宝洁用人制度中还有一项是企业中非常少运用的，即内部提升制度，也就是说，当某一个重要岗位需要安排工作人员时从公司内部员工中提拔，该制度的优势是员工上任后可以直接接手工作，不需要再花时间来了解公司的情况和适应公司文化、管理方式等。工作人员有了比较大的晋升空间，也会更加积极努力地工作，自主学习提高工作能力，有利于宝洁的发展。

宝洁公司还推行轮岗制度，职员在宝洁的工作时间达到一定的期限就可以申请在公司内部改换到其他的工作部门、工作岗位，或者到国外的分公司任职，公司会提供更多的机会给员工，当然都是以职员的个人意愿、个人选择为先。

宝洁公司有完善的薪酬制度，为员工提供优厚的福利待遇，这在招揽人才过程中具有很强的竞争力。宝洁的工作人员可以自由选择工作方式，可以选择在家工作一天或选择自己的上班时间，以及是否出资认购宝洁公司的股票等，这些都是在国内其他公司没有办法享有的。宝洁公司人员管理人性化、工作管理弹性化，宝洁公司对职员的上下班时间只要求10：00—16：00在岗工作，至于员工什么时候上班、什么时候下班员工可以自由安排。2007年开始，在宝洁公司工作时间两年以上的员工每个星期可以自由选择在家工作一天，当然要在工作任务适合在家完成的情形下。在宝洁上班时间超过一年的员工，可以每三年里面申请离开工作岗位一个月，抑或是每七年时间里申请离开三个月，让员工有了更多的自由空间和自由时间，也能促使员工持续保持非常好的精神状态和工作状态。

此外，员工可以在闲暇时间去公司内部的水果吧台购买各种水果，在工作的同时享受快乐，更加快乐地去投入工作。业余时间，员工还可以去会议室免费学习瑜伽、街舞、民族舞、拉丁舞、有氧健身操等，还可以享受免费按摩，放松身体和心理。宝洁公司的观念是"只有照顾好员工，员工才能照顾好顾客"。与公司同事诚挚以待，才能塑造轻松、融洽、和谐与充满激情的上班环境，同事之间才会在工作过程中互帮互助，促进彼此的提升。

在宝洁中国上班的职员，有一些已经与宝洁公司签订了一定期限的劳动合同，这些是宝洁中国的正式员工，受到劳动保护，其中主要有宝洁的外籍职员、管理职员、财务职员、技术职员和工厂的生产人员等。此外，宝洁中国将人力资源外包给其他劳务派遣公司,由劳务派遣公司负责人员的招聘并将劳动人员派遣到宝洁中国上班,这些劳动人员就是劳务派遣工,他们并不是与宝洁公司签订劳动合同,而是与劳务派遣公司签订劳动合同,他们的薪酬也是由劳务派遣公司决定和发放,劳务派遣公司向宝洁公司收取一定的费用。

宝洁公司派遣工纠纷:2009年,李红(化名)等近百名宝洁员工面临待岗,遇"影子东家"投诉无门。李红等人最初是和广东南油对外服务有限公司签订的劳动合同,到宝洁工作属于劳务派遣性质。其间,南油公司收取李红等人每人每月40元的服务费。宝洁公司负责对他们进行员工培训、洽谈薪水和福利待遇等事宜,月薪三四千元,享受年底双薪、电话费和上网费报销、交通补助等待遇。2009年7月,在宝洁公司工作了七年多的李红被告知,2009年9月1日开始,她所在的宝洁公司的ISC部门将被外包给北方宗源营销策划有限公司。从此,李红和其他近百名员工将与宝洁公司不再有任何关系。她们只能拿到每月800元的待岗工资。派遣公司和宝洁公司给出了两种方案:员工转签新公司,并获得一个MP4大礼包;如不同意转签,则从9月1日开始领取每月800元的待岗工资,直至劳动合同到期。但由于自身属于派遣员工的性质,远赴广州打劳动仲裁官司的花费,对这些收入骤降工作难保的人来说,简直就是天文数字。宝洁公司要求,如果员工选择待岗,则其间手机不得关机,不得去外地,随叫随到,否则按旷工处理;待岗期间所有人不得找新工作,否则即构成违约。最终,这近百名员工因投诉无门决定放弃劳动仲裁。

在2013年1月,宝洁公司比计划提前五个月完成了裁减5700名工作人员的计划,实际在非制造业裁减的职位达到了5850个,比计划多了150个。2013年2月,宝洁公司内部消息公布,将在2016财务年度之前每一年都会在非制造业职位裁减工作人员,数量是员工数量的2%~4%,估计是8000名工作人员。

经历数年的经济社会发展,每种体制下的劳动关系都发生了变化,逐渐步入新的发展时期,各个国家越来越重视生产和分配的平衡发展,也越发重视对劳动者权益的保护,不断探索、建立和健全符合国家具体情况的相关法律、劳动者保护的政策、对用工的规范等。为有效促进劳动者和资方的合作,宝洁公司开拓了

一些治本的途径:

(1) 健全劳资双方团体,以奠定合作基础。宝洁工会致力于员工的康体活动,组织开展了精彩纷呈的各种文体赛事。同时,宝洁工会与公司人力资源部合作,推行了一系列工作与生活和谐计划,实现了宝洁员工体面劳动,宝洁工会也获得了"全国模范职工之家"的荣誉称号。

(2) 劳资双方实行集体协商,签订集体协议。集体协商,又名为"集体谈判",是指劳动者通过自己的组织或代表与相应的雇主、雇主组织或者其代表为签订集体合同进行商谈的行为。

(3) 实施工业民主及参与制度,举行工厂会议。公司根据员工的人数确定召开员工代表大会,员工代表人数必须是全体员工人数的5%以上,不得少于30人。员工人数大于100人的情况下,可以由工会与公司商谈决定超出的员工代表人数。员工代表大会的代表,由少于员工代表总数的20%的公司中层以上管理者和领导者、占有一定比例的女性员工、部分劳务派遣员工、技术员、一线生产工人、其他岗位的员工组成。公司应该建立和实行厂务公开制度,通过员工代表大会或者其他方式,在保证合法、真实、及时、有利于公司发展和维护员工利益的前提下,按照一定程序向员工公开关系到员工合法权益的规章制度、上层管理者的廉洁从业相关情况,收集员工意见和建议,自觉配合员工的监督。企业实行厂务公开应当遵循合法、及时、真实、有利于员工权益维护和企业发展的原则。

(4) 推行利润分享制度,推动员工入股分红制度的执行。在现代公司管理制度下,公司是相对独立的商品制造者,劳动员工的收入由集体劳动取得的成果决定,也就是说由公司获得的总经济效益和他们自己的劳动成果决定和构成。公司在一个年度的发展期间,投入了资金、技术、机器、劳动力等资本,获得了收益和回报,而公司员工是劳动力资本的主要组成部分,有权利以分红的形式分享公司的利润。员工的工资通常都是按照月或是日发放,都是短期结算形式,难以看出公司整年的经济收益情况,采用分红制按照年度支付,是公司和员工之间的再次分配,是对分配方式的补充和完善,能有效地调节公司跟公司员工的分配关系。

四、私营企业

(一) 和谐劳动关系建设现状

不断转型变革的中国经济社会主要面临着计划经济和市场经济的根本转变，为了适应这种经济社会转型过程，私营企业需要结合社会主义发展的基础，实现本企业的全面发展，促进私营企业经济的和谐发展。

私营企业的劳动关系也表现为一种劳资关系，主要呈现出工人利益诉求与企业满足能力间差距不断扩大的新特点，劳资矛盾比以往更加突出。特别是集体劳动关系涉及的问题较多，表现为集体罢工、停工、以极端方式讨薪等劳资群体性事件层出不穷。

转型期私营企业劳动关系的性质，存在不成熟和不规范问题，需要结合血缘关系，将转型期的私营企业劳动关系构建出来。李玲娥（2018）① 认为，中国现阶段私营企业劳动关系特征主要表现在以下四个方面：

第一，劳动关系的非平衡性。这种非平衡性主要表现在劳动力市场地位的不平衡性，由于我国的劳动力市场属于买方市场，劳动者属于弱势一方，加之企业内部企业主对生产经营管理和财产收入分配的绝对话语权和支配权，恶化了劳动者在企业中的生存环境。

第二，劳动关系的非稳定性。最明显地表现在私营企业的劳动合同签订率比较低，合同期限短，员工流动率高。不同于单一公有制，私营企业资方是以盈利为目标的，为了保持生产经营的灵活性和节约成本，大多数的私营企业在劳动力使用方面往往具有短期化倾向，不愿意签订长期稳定的劳动合同，是一种变相压榨工人牟取利益的举动。

第三，劳动关系的非规范性。现阶段，我国社会主义市场经济正在逐步完善的过程中，现阶段私营企业以中小型企业为主，家族式管理特点鲜明。私营业主

---

① 李玲娥. 中国现阶段私营企业劳资关系的属性及特点——马克思主义政治经济学的解释 [J]. 政治经济学评论, 2018 (5): 101 - 120.

往往不会严格遵守国家的法律法规，违规现象频出。

第四，劳动关系的非协调性。现阶段中国虽然很少爆发大范围的、激烈的劳资冲突，但是由于员工的应有合法利益得不到满足，相当大一部分劳动者对个人的工资奖金和福利待遇的满意度并不高。归结于薪资体系的缺陷、福利待遇的不公以及工会组织的虚设，现有劳动关系水平和现有社会经济体制的冲突，影响企业的稳定及可持续发展。

总之，想要完善转型期私营企业劳动关系，就要从根本上健全企业法人治理结构，实现私营企业的健康发展。企业应该提高认识度，实现观念的改变，不断建立现代企业制度，加强政策的落实，对职责进行明确，做好基础性的管理，推动转型期私营企业的高效发展，完善劳动关系的根本建设。

（二）案例分析

1. 珠三角再现大面积"用工荒"

2008年，受全球金融危机影响，东部沿海地区经济发展减速，大量农民工失岗返乡。2009年春节后，由于经济迅速回暖，沿海地区和内地同时出现严重的缺工现象。其中，广东珠三角地区用工缺口达200万人。民工提出，工资普遍较低，是即使现在他们处在民工短缺时期也要挑一挑的原因。这也从侧面反映出如今的劳动力问题尚未得到官方的重视。对珠三角企业所处的困境，日本电产（东莞）有限公司业务部长华冈忍认为，政府还没有引起足够的重视。他说，目前东莞的企业多采用包吃包住的用工模式，十分不利于企业的发展。"如果不能尽快改善员工的工作与生活环境，东莞企业的用工困难还将进一步加剧。"

点评：

"用工荒"现象，从一个侧面反映出用工市场的供求变化。从"打工难"到"用工荒"，折射出中国经济社会有望通过全方位的重新洗牌，走向新的发展阶段。同时我们应该注意到，"用工荒"不等于"民工荒"，供需的匹配应该引起全社会共同关注。

同时，劳动关系的不稳定性加剧了这种用工荒的问题，最明显地表现在私营企业的劳动合同签订率比较低，合同期限短，员工流动率高。

此外，为了保持生产经营的灵活性和节约成本，大多数私营企业在劳动力使用方面往往具有短期化倾向，不愿意签订长期稳定的劳动合同，是一种变相的压榨工人牟取利益的举动。也正因如此，工资水平低下，对民工失去了吸引力。

2. 安徽虹亚汽车贸易有限公司

安徽虹亚汽车贸易有限公司创建于 2002 年，是一个综合性汽车销售服务企业，其服务内容涵盖了汽车销售、维修保养、保险代理、快修美容、配件销售、二手车、技术咨询、行业培训以及金融服务等多方面。近期，公司投资近亿元，在蚌埠市国际汽车城新建四家大型 4S 店和第二代汽车消费综合体，全力打造中国汽车高端综合型服务品牌。时至今日，蚌埠虹亚集团已成为全国综合经营管理能力最强的大众斯柯达汽车企业，是蚌埠市汽车行业第一知名品牌、蚌埠市汽车行业服务第一品牌，预计至 2018 年，虹亚集团将成为上汽大众全国前十经销商、中国汽车互联网品牌 100 强①。

安徽虹亚汽车贸易有限公司是一家中小型民营企业，但是该公司在企业党建工作方面开展得非常好，是安徽省 2015 年度非公企业党建重点工作省以奖代补对象之一，是蚌埠市"先进党支部"；其创始人和董事长杨洪彦女士是安徽省"最具创新力十大杰出人物"、全国第八届妇女代表大会代表、全国青年企业家协会委员。从成立至今，安徽虹亚汽车贸易有限公司积极推动和谐劳动关系建设，至今未发生过任何劳动关系纠纷，是和谐劳动关系的典范企业，因此本书选择企业作为案例进行分析。

（1）保持利益平衡：在劳动关系中，虹亚集团致力于促进劳动关系双方的投入成本与收益相平衡，全面打造"利益和谐"的劳动关系模式。对企业而言，虹亚集团党支部充分发挥党组织的协调整合功能，提升企业自身在劳动关系中的投入与收益平衡。第一，虹亚集团党支部充分发挥党的内外部资源整合功能。一方面，虹亚集团党支部通过积极参与建设公司体育馆、健身房、茶社等基本活动

---

① 刘玥玥，席猛. 民营企业党组织对促进企业劳动关系和谐发展的作用研究——以安徽虹亚集团为例［J］. 中国人力资源开发，2018（2）：98-108.

设施,在帮助企业优化员工工作生活环境的同时,也积极搭建与其他企业党支部开展合作交流的活动平台。另一方面,虹亚集团党组织借助支部平台,积极通过党建活动,与多家银行支部联合举办党支部活动,在为企业树立良好形象的同时,拓宽了企业潜在的融资渠道和企业客户群体。第二,虹亚集团党支部充分发挥内外部利益协调与整合功能,有效协调企业与员工之间的利益关系。一方面,集团党支部注重与其他党群团组织的合作与交流,做到党群工作一手抓;另一方面,党支部注重与工会、妇联等组织的交流,切实做好引导与带头作用,以此有效协调企业与员工的利益平衡。

对员工而言,虹亚集团党支部充分发挥服务发展功能,促进企业员工在劳动关系中的投入与收益平衡,在员工为企业的壮大与发展贡献自我力量的同时,帮助员工提升自身能力与修养,帮助员工实现自我价值,最终提升员工对企业的整体满意度。一方面,虹亚集团党支部通参与建设企业休闲娱乐设施,与工会联手举办"相亲会",组织企业党员、员工及家属集体旅游等活动为企业员工提供了良好的服务平台。另一方面,虹亚集团党组织充分利用党组织的整合与协调功能,通过座谈会、讲座等形式,引导企业员工正确处理国家利益、集体利益和个人利益的关系,企业整体利益与个人利益的关系,当前利益与长远利益的关系。

(2) 促进相互投资:虹亚集团努力打造和谐"家"文化,构建"和谐"的劳动关系。虹亚集团将激发企业与员工的工作发展热情作为重要工作内容,以此促进劳动关系主体双方对劳动关系的投入力度。虹亚集团党支部书记兼工会主席丁永福同志认为,在构建虹亚集团和谐劳动关系的过程中,集团高层领导始终认为,劳动关系的主体双方在关系中投入得越多,他们终止关系的可能性就越小,劳动关系也就越稳定。

对企业而言,虹亚集团党组织充分发挥党组织的政治核心功能与协调整合功能,实现政治引导作用和促进企业先进文化建设。首先,以座谈会的形式传达和学习中央精神,保证企业文化建设符合社会主义核心价值体系。另外,通过座谈会的形式学习习总书记讲话,探讨其对企业发展的指导意义。其次,将党中央的政策思想贯彻进虹亚集团的管理文化理念之中,运用党组织的政治核心影响力,将企业出台的规章制度与国家的路线方针政策有效统一起来。最后，以促进企业发展为目标，努力协调政企关系、劳资关系和党群关系。

对员工而言，首先，协调发挥党组织的政治核心功能与服务发展功能，实现团结凝聚作用。虹亚集团党支部力求通过温情建家、平安保家、奋进兴家、和谐立家等活动，引导员工树立"我靠企业成长、企业靠我发展"的主人翁责任感。另外，党组织主动找有困难的员工了解具体情况，并通过党组织、工会给予帮助。其次，虹亚集团党支部通过积极与工会共同举办员工活动，让员工展示自己，增加员工荣誉感、自豪感和归属感，以充分发挥政治核心与发展服务功能，实现先锋带头作用。

（3）促进共同成长与发展：虹亚集团自创立以来，不断提升企业的核心竞争能力以及员工的竞争能力，努力实现虹亚的企业战略与愿景。简言之，就是要让企业的发展能力与员工的能力相匹配、相和谐。

在机制构建方面，首先，党组织充分发挥自身的政治资源优势，构建党建工作合力机制，加强党群工作一体化机制，充分发挥党组织的带头作用，推动与工会、妇联、共青团等组织的合作与发展，形成党群共建的长效机制。其次，党组织充分发挥资源整合功能，完善党组织活动开展的资源保障机制。虹亚集团党组织配备党建专项活动资金，将企业党建工作保障机制列入党建目标责任制考核内容，党委定期对党建工作开展情况进行监督与控制。党组织通过这两种机制的建设，促进企业可持续发展。

在制度建设方面，虹亚集团党支部为促进企业科学发展，充分将党建的具体工作与企业的经营发展有机结合起来，帮助企业提升组织和管理能力以及进行制度方面的建设。

在构建学习型组织方面，虹亚集团党支部积极协助集团董事长杨洪彦女士定期对全体员工开展工作技能培训；与此同时，党支部还举办了"创业家大讲坛"，鼓励虹亚员工不断学习深造，提升员工整体的服务管理能力；由支部创建的"彩虹之家"社团更是为广大员工提供了多元化的自主学习平台。此外，党支部还积极鼓励党员带头分享工作经验，促进全体员工共同成长、共同进步。

五、其他所有制企业

随着我国社会主义市场经济体制的逐步健全,多种经济成分并存,除了上述四种主要的所有制企业外,还包括以乡镇企业为代表的其他所有制企业。

乡镇企业异军突起,是亿万农民在改革大潮中的伟大创举。经过多年的发展,乡镇企业已成为我国国民经济的重要组成部分。目前乡镇企业的劳动关系基本上是稳定的,但还存在不少问题。高媛等(1996)[①]认为存在的问题主要表现在以下四个方面:

(1) 乡镇企业的管理人员思维转变滞后,习惯于以往的行政管理观念,而缺乏规范稳定的劳动关系的观念。从总体上来看,乡镇企业的管理者中虽然出现不少精干的企业家,但大部分的企业管理者的经验和民主意识发展明显滞后于国有企业的管理干部。

(2) 职工大都由农民转化而来,具有明显的小农意识,因此对民主文化生活的要求并不强烈。这样就谈不上参加企业民主管理和民主监督,依法保护自身利益的能力更差。这些方面也都低于国有企业的职工。

(3) 在乡镇企业中,对职工生活保障重视不够。基于小农经济的特征,在乡镇企业出现以前,职工的本职工作是务农,额外的生产活动是通过家庭包工制完成的,这就决定了劳动力流动较为自由,有许多工人不与用人单位签订劳动合同。即使是签订了合同,履行合同的随意性也较大。大多数企业不执行新工时制,工人超工时劳动现象突出,少数企业不发或少发工人加班工资,工人反映强烈。工人劳动报酬偏低,个别企业工人与领导干部的收入相差悬殊,有些企业不按月发放工资,影响工人的基本生活。有些企业劳动条件和环境还有待进一步改善。

(4) 劳动部门、法律部门、工会和乡镇企业的主管部门都有对乡镇企业劳

---

① 高媛,杜大生.对不同所有制企业劳动关系现状的比较及其对策[J].工会论坛,1996(4):27-29.

动关系监督检查的责任。但是，目前的管理力度不够。对职工的思想、法律、法规的宣传教育也缺乏力度，职工对企业的劳动工资、劳动保险、劳动保护等涉及职工切身利益的政策、制度、法律、法规了解得不够，甚至一点都不了解。出现劳动争议后得不到及时解决。由于以上种种原因，使乡镇企业在劳动关系上缺乏规范、协调的内在动力。

除了乡镇企业外，其他所有制也一样或多或少具有一定的不足，对当前各类企业中存在的劳动关系问题，要加以分析、探讨，不断探索新路子、新办法，及时加以调整解决，逐步改善劳动关系，为各类企业创造良好的软环境。

第五章 不同行业企业和谐劳动关系比较与分析

第一节 不同行业企业和谐劳动关系比较

一、数据分析

通过对行业进行比较，由表5-1按行业分组的工会企业样本和谐劳动关系指数可知，按行业分类，调查样本中交通运输、仓储和邮政业，租赁和商务服务业，建筑业，房地产业，电力、热力、燃气以及水生产和供应业，住宿和餐饮业，金融业得分超过平均得分。和谐劳动关系指数得分最高的三个行业分别为交通运输、仓储和邮政业，租赁和商务服务业，建筑业；和谐劳动关系指数得分分别为5.15、5.08和5.08。得分最低的三个行业分别为制造业、批发和零售业、高新技术行业，和谐劳动关系指数得分分别为4.65、4.53和4.27。另外，住宿和餐饮业的标准差最小，为0.20，说明该行业的样本企业和谐劳动关系指数分布较为均衡。高新技术行业的标准差最大，为1.26，说明高新技术行业的样本企业和谐劳动关系指数分布最不均衡。

不同行业样本的总体方差不齐（F = 2.05，p = 0.021 < 0.05），Tamhane'sT2 检验结果表明，不同行业样本间的和谐劳动关系得分并没有显著差异。

表5-1 按行业分组的工会企业样本和谐劳动关系指数

行业	企业数	均值	排名	中值	最小值	最大值	标准差
高新技术行业	44	4.27	10	4.74	1.92	6.69	1.26
制造业	132	4.65	8	4.67	2.30	6.53	0.87
金融业	13	4.73	7	4.65	3.73	5.86	0.62
房地产业	9	5.04	4	5.27	3.53	6.06	0.83
批发和零售业	9	4.53	9	4.42	2.51	6.27	1.07
建筑业	24	5.08	3	5.06	3.84	6.67	0.85
电力、热力、燃气以及水生产和供应业	12	4.95	5	4.99	3.75	5.88	0.61
租赁和商务服务业	13	5.08	2	4.91	4.29	6.48	0.67
住宿和餐饮业	4	4.92	6	4.95	4.66	5.11	0.20
交通运输、仓储和邮政业	9	5.15	1	5.53	3.20	6.49	1.13
其他	54	4.68	4.51	3.18	0.78	6.70	4.68
总计	323	4.69	4.70	1.92	0.92	6.70	4.69

二、结果讨论

通过前文对企业和谐劳动关系指数二级指标和三级指标的分析，发现企业和谐劳动关系指数在不同行业差异显著。

（1）员工参与指数。就行业而言，得分最高的为建筑行业，得分最低的为高新技术行业。从得分差异性的显著性来看，高新技术行业比建筑行业（p < 0.01）、租赁和商务服务业以及交通运输、仓储和邮政业的员工参与指数得分低（p < 0.05）；租赁和商务服务业以及建筑行业比制造业的员工参与指数得分低

（p<0.05）；金融行业比建筑行业、租赁和商务服务业的员工参与指数得分要高（p<0.05）；批发和零售业比建筑业的员工参与指数得分要高（p<0.05）。建筑行业是典型的劳动密集型产业，业务与员工密切相关。同时，行业的大部分业务都是基础员工可以参与的推广、销售等基础业务，员工参与程度较高。此外，为了实现快速管理和信息的快速流通，往往建筑行业会赋予基层人员一部分的自主管理权限，这也提高了员工的参与管理的程度。由此，建筑行业的员工参与指数在多个行业中最高，而对比起来，高新技术行业是一种专业性较强的行业，每一个岗位对从事人员的专业性要求较高，同时也会要求岗位人员对岗位职责的专注性。因而，管理层与技术层泾渭分明，一般而言，高新技术企业中人力资源可以划分为四个层次，即决策层、管理层、专业层、操作层，其在知识、技术水准及业务能力上都具有明显的差异。实际工作中，由于高新技术企业的专业化程度高，对岗位的限制过于死板，大多数人员是专业性的，缺少复合型的特征。因此，在高新技术企业中员工参与管理的程度并不高。

（2）工作激励指数。就行业而言，得分最高的为房地产业，最低的为高新技术产业。多重比较发现，不同行业之间在"工作激励"指数得分方面并没有显著差异。房地产行业拥有庞大的营销推广人员，也是属于典型的劳动密集型行业。因此，工作绩效与薪酬关系特别密切。房地产业的薪酬制度与员工的工作绩效之间的关系特别密切，尤其是在销售岗位更加明显。在房地产销售环节和房地产中介部门，"无底薪"的薪酬制度较为普遍，企业对员工工作绩效有较为严格的考评制度，在一定范围内存在超时加班、无业绩则无工资的情况。因此，在工作激励指数方面，房地产行业偏高。与之相较，在高新技术行业方面，首先，由于出资人和员工身份的多重性，高新技术企业的出资人和员工之间的关系不是简单的雇佣与被雇佣的关系。出资人往往是几种身份集于一身，员工也往往持有公司的股份而成为公司的出资者。大多数的高新技术企业都是小型初创企业，在企业初期实力不雄厚的时期，往往公司的出资人也是公司的管理者；同时为了激励员工，在资金不足的情况下，公司也往往采取员工持股的方式进行激励。其次，出资人和员工的利益具有较高的一致性。这种利益的一致性是企业所有员工共同奋斗的前提；企业的发展不仅给出资人带来巨大的收益，也使企业员工，特别是技术和管理骨干的经济收入有了显著提高，员工也得到了全面发展。因此，也就无须那些多余的激励方式，这已经足够实现对员工的激励。

(3) 沟通与发展指数。就行业而言，得分最高的为租赁和商务服务业，最低的是高新技术行业。多重比较发现，制造业，建筑业，房地产业，电力、热力、燃气以及水生产和供应业，租赁和商务服务业以及交通运输、仓储和邮政业比高新技术业的"沟通与发展"指数得分高（$p<0.05$）。租赁和商务服务行业是一种劳动密集型行业，对人的管理多于对物质生产资料的管理，人力资本是一种最重要的战略资本；因此，员工的沟通与发展往往成为企业发展的战略性资源，如何整合这类资源使之发挥出最大的效用，就需要加强沟通与发展，从而实现资源的最优化配置，而与之相比较，高新技术行业沟通情况最差，首先是由于人员的层次性与职位设置的不适应，固定限制过死的层次划分导致在处理一些特殊问题时，缺乏灵活应变能力，不利于企业的各个服务型部门工作的开展和各部门之间工作的协调，部门间往往缺乏必要的沟通交流活动，缺少必要的沟通交流渠道。此外，人员的多元性与流动速度的不合理，高新技术企业存在过于极端两种现象，即流动过快的电子信息行业和人员流动过慢的医药行业。这也加剧了高新技术企业沟通发展的难度，一方面是没来得及展开沟通与发展，另一方面是不愿意进行沟通与发展。这也就导致了高新技术企业的沟通发展程度低下。

(4) 雇佣保障指数。就行业而言，得分最高的为交通运输、仓储和邮政业，最低的是高新技术行业。多重比较发现，制造业，房地产业，建筑业，电力、热力、燃气以及水生产和供应业，租赁和商务服务业以及交通运输、仓储和邮政业比高新技术行业的"雇佣保障"指数得分高（$p<0.05$）。交通运输、仓储和邮政业对人员的从业要求低，但由于工作强度较大，为了保持住员工，抑制住人员的流失，企业往往采取高系数的雇佣保障措施，维持正常有序的员工团队，维持工作项目的正常开展，维持企业的持续健康发展。与之相反，高新技术企业人员的多元性与流动速度的不合理。电子信息行业中软件业的人才流失尤为严重，人

才跳槽频繁,薪酬福利难以管理;医药行业待遇较好,缺乏流动动机,医药业技术兼容性稍差,流动难度偏大。在这种极端的情况下,高新技术企业为了节约用工成本,往往利用高流动性的劳动力,这样只需要支付短期的工资成本,无须承担雇佣保障措施等带来的成本。因此,这种短视行为,导致高新技术行业的雇佣保障系数低下。

第二节 不同行业企业和谐劳动关系建设分析

本书主要针对以下11个行业的劳动关系进行分析,分别为:高新技术行业、制造业、金融业、房地产业、批发和零售业、建筑业、电力、热力、燃气以及水生产和供应业、住宿和餐饮业、交通运输、仓储和邮政业以及其他。我们选取其中几个具有代表性的行业进行分析。

一、高新技术行业

(一) 和谐劳动关系建设现状

现代企业尤其是高新技术企业是一个人力资本与非人力资本的特别合约,人才是企业最大的投资,也为企业带来最大的效益,这一特征主要体现在人员的创新能力对企业的发展所起到的关键性作用。对高新技术企业来说,其迅猛发展的动因包括知识创新、技术创新和管理创新,而这种创新的主体和本源却是掌握知识和创造知识的"人"。因而,如何有效地组织高素质、高智力人才,发挥其创新潜能,构建和谐的劳动关系,充分发挥人力资本作用,对高新技术企业的长期生存和发展而言至关重要。

在当前复杂竞争背景下,研究如何推动企业技术创新、产品创新和管理创新的组织管理策略是一个重要话题①,尤其对高新技术企业而言,创新能力作为其核心能力的重要性毋庸置疑。组织创新过程是一个个体、群体与组织因素的社会化交互过程,由于创造性活动无法脱离组织脉络、群体互动和工作情境而独立存在②,所以,除去人、财、物等物质供给和制度建设外,"情绪""氛围"等软性环境变量也会促进或阻碍工作场所中创新的产生。同时,和谐的劳动关系有利于在组织中营造良性循环的"情绪"和"氛围",这能够对组织员工的动机和行为产生助推作用,是组织行为过程的一项动力来源,它对现代企业和社会组织生存、发展产生积极影响。此外,孙锐和赵晨(2016)③ 以我国高新技术企业为对象,结合战略人力资源管理、组织资源和组织情绪理论,引入心理安全,发现部门间心理安全扮演调节角色。同时,企业战略人力资源管理以组织情绪能力为中介变量影响企业产品、流程和管理创新,而部门心理安全水平会调节战略人力资源管理与企业产品、流程和管理创新以组织情绪能力为中介的间接关系,从而形成一个战略人力资源管理、组织情绪能力与企业创新之间有调节的中介作用模型。这充分体现了对构建和谐劳动关系的重要性,因为和谐的劳动关系不仅有利于调控企业员工间的组织氛围,同时也有利于在劳资双方构建新型的信赖关系,彼此之间形成心理安全,进而推动企业战略人力资源管理的实施,促进组织创新能力的持续增强,这对于高新技术企业而言,十分关键。

此外,在现有的关于高新技术企业劳动关系的研究中,研究者还关注"人本管理"这一理论。所谓"人本管理",就是要从根本上恢复人的主体性地位,以人为核心的、重视人的主体地位的管理;强调要把人当作人来看待,当作主人来看待,在此基础上去重视人、尊重人、关心人和塑造人。人本管理不同于把人视

---

① Anderson N., Potocnik K., Jing Zhou. Innovation and creativity in organizations: A state – of – the – science review, prospective commentary, and guiding framework [J]. Journal of Management, 2014 (5): 1297 – 1334.

② 孙锐. 战略人力资源管理与组织创新氛围研究——基于企业研发人员的调查 [M]. 北京: 人民出版社, 2013.

③ 孙锐, 赵晨. 战略人力资源管理、组织情绪能力与组织创新——高新技术企业部门心理安全的作用 [J]. 科学学研究, 2016 (12): 1906 – 1915.

为工具、手段的传统管理模式,而是在深刻认识人在社会经济活动中作用的基础上,突出人在管理中的主体地位,实现以人为中心的管理。同样的道理,新型劳动关系中,强调劳动者的主体地位,取代了以资方为主导的传统劳动关系,由此我们结合"人本管理"的思想,提出新的劳动关系:

(1) 在高新技术企业中,人作为一种关键资源主导着管理。作为人本管理的第一层含义,以调动人的主动性、积极性和创造性维系企业的生存和发展。在这里人力资源被看作一种人力资本,是一种便于经济分析的人格的物化。在高新企业中要如何调动这种资本的运作,必须依靠和谐的劳动关系有效发挥员工的能动性,同时辅以资本的合理调配,最终达到对企业的助推作用。

(2) 人本管理的第二层含义是,通过以人为本的企业管理活动和以尽可能少的消耗获取尽可能多产出的实践,来锻炼人的意志、脑力、智力和体力;通过竞争性的主产经营活动,达到完善人的意志和品格,提高人的智力,增加人的体力,使人获得超越生存需要的更为全面的自由发展。和谐劳动关系,鼓励员工的自由发展,鼓励员工利用学习和实践所获得的知识和经验,实现对物质资源利用效率的提高,这也使得资方的利益得到增长,所以这是一个双赢的结果。鼓励构建和谐的劳动关系有利于人本管理的展开,是企业提高生产率的催化剂。

一个对中关村民营高新技术企业劳动和劳动关系问题的调研①发现,现阶段我国高新技术企业的劳动关系主要表现出以下几个方面特点:

第一,出资人和员工身份的多重性。高新技术企业的出资人和员工之间的关系不是简单的雇佣与被雇佣的关系。出资人往往是几种身份集于一身,员工也往往持有公司的股份而成为公司的出资者。大多数的高新技术企业都是小型初创企业,在企业初期实力不雄厚的时期,往往公司的出资人也是公司的管理者,同时为了激励员工,在资金不足的情况下,公司也往往采取员工持股的方式进行激励。

---

① 中共北京市委党校,北京中关村科技园区管委会联合调查组.中关村民营高新技术企业劳动和劳动关系问题的调研报告[J].北京行政学院学报,2003(1):1-8.

第二，出资人和员工权力是平等的。劳动的变化也带来平等的新型劳动关系。平等是指出资人和员工之间是以市场为取向进行的双向自由选择。在中关村，民营高新技术企业可以根据客观需要吸纳或辞退员工，而员工往往以自身价值（既包括经济收入，也包括才能施展）的实现程度对企业做出取舍。

第三，出资人和员工的利益具有较高的一致性。上述第一个方面指出，初期的高新技术企业往往选择员工持股的方式来进行激励，也就使得员工成为了企业的资方，将企业的发展和员工利益捆绑，利益产生了一致性。这种一致性，首先表现在企业的理念上，他们认为，利益的一致性是企业所有员工共同奋斗的前提。其次表现为出资人和员工的经济利益是融合的。企业的发展不仅给出资人带来巨大的收益，也使企业员工，特别是技术和管理骨干的经济收入有了显著提高。最后表现在企业发展的同时员工也得到了全面发展。许多企业对人才除提供住房和较好的经济收入外，还委以重任，并给有创见的人才以充分的发展空间。

第四，出资人和员工之间在企业管理上是合作的关系。劳动的变化也带来合作的新型劳动关系。这种合作集中体现在企业把按市场要求的科学管理和员工广泛参与的民主管理结合起来。特别是将企业发展与员工利益进行捆绑后，员工在潜意识上形成自己是企业的主人的意识，由于每个人都有"损失规避"的思想，都会积极参与企业的管理，减少自身的损失。

此外，研究也认识到现有高新技术企业的劳动关系也有诸多的不足之处：

（1）人员的高素质与选聘的不匹配。高新技术企业是以知识作为资本生产相应知识含量高的产品，并以其作为核心竞争力，因此，作为创新主体的"人才"是一种十分重要的战略资源。在高技术企业中，人才大多接受过较高程度的文化教育或技术培训，具有较高的知识水准、坚实的理论基础和一定的相关经验。但是，实际的招聘过程中，很少关注人员的基本素质和基本能力，也没有充分考虑人员结构的合理性。事实上，一个企业要维持正常的经营活动，需要各种学历、知识及技术层次人员的合理搭配，并非学历越高越好。

（2）人员的层次性与职位设置的不适应。一般而言，高新技术企业中人力资源可以划分为四个层次，即决策层、管理层、专业层、操作层，其在知识、技术水准及业务能力上都具有明显差异,在新知识、新观念的吸收领悟能力及开拓创新上也各不相同。然而,实际工作中,由于高新技术企业的专业化程度高,对岗位的限制过于死板,大多数人员是专业性的,缺少复合型的特征,这就导致在处理一些特殊问题时,缺乏灵活应变能力,不利于企业的各个服务型部门工作的开展和各部门之间工作的协调。

(3) 人员的多元性与流动速度的不合理。高新技术企业构成中来自资金、技术、管理方的人员,其背景及知识结构不同。文化的差异性对以知识人才为核心的高新技术企业而言是有利的,不但可以在融合多元文化过程中提升企业文化的独特性,还可以利用多元文化激发员工的创新力。此外,正常的人才流动加速了多元文化的交融,对企业而言是一个循环更新的过程,可以更新企业观念,促进技术创新和提高员工整体素质,是必要和有益的。然而,甄晓微和林慧玲(2004)①通过对西安高新区调研发现,高新技术企业人员流动存在过于极端的两种现象,即流动过快的电子信息行业和人员流动过慢的医药行业。电子信息行业中软件业的人才流失尤为严重,人才跳槽频繁,薪酬福利难以管理;医药行业待遇较好,缺乏流动动机,医药业技术兼容性稍差,流动难度偏大。这些都不利于企业的可持续发展,不利于企业竞争力的提升。

当代社会是知识经济的时代,而知识经济时代最大的特点是人类依托于多种现代化的生产技术发展企业。高新技术企业是一种集知识、人才密集型及技术于一身,把创新作为追求目标的企业群体。管理创新、知识创新是高新技术企业的主要发展动力,而人力资源正是掌握知识创新的人,和谐劳动关系正是协调资源、发挥资本作用的重要基础。因此,必须重视劳动关系,在分配中兼顾物质资本和人力资本的贡献,探索出与现代市场经济发展相适应的分配机制。

(二) 案例分析

四川海特高新技术股份有限公司在构建和谐劳动关系、营造企业"家文化"方面具有显著成效。

---

① 甄晓微,林慧玲. 高新技术企业的人力资源管理 [J]. 价格与市场,2004 (1):14 – 15.

以人为本、利益共享,在和谐劳动关系构建中发挥着根本性的作用。正因深谙这一重要性,四川海特高新技术股份有限公司把构建和谐劳动关系作为提升企业软实力的核心要素。公司成立25年以来,始终深入贯彻执行《工会法》《劳动法》《女职工保护条例》等法律法规,充分发挥工会维护职工合法权益的基本职能和在协调劳动关系中的"桥梁纽带"作用,切实加强工会自身建设,不断提高工会工作水平,建立了和谐的劳动关系,促进了公司各项工作的开展。公司多次被授予"工人阶级先锋号""四川省民营企业文化建设先进单位""先进基层党组织"等荣誉称号。

措施:

(1)加强制度建设,构建民主环境。公司认真坚持职工代表大会、厂务公开等制度,形成了一系列稳定和谐劳动关系的长效机制,保障了职工行使民主权利,落实了职工的知情权、监督权,确保参与规范化、监督经常化、民主管理的制度化。

每年召开的职工代表大会,都认真听取和审议企业年度工作计划、依法缴纳社会保险费、履行集团合同、工资集体协议情况等报告,讨论有关劳动报酬、劳动定额、工作时间、休息休假、劳动安全卫生、保险福利、职工培训、劳动纪律等涉及职工切身利益的规章制度或重大事项,提出方案和意见,依法保障职工权益。

在厂务公开制度建设中,始终把职工关注的工资分配、绩效奖励、评先选优等问题有效置于民主监督之下,定期发布厂务信息,及时让员工知厂情、参厂政、议厂事,真正让职工感受到了主人翁地位,调动了职工的积极性和主动性。

针对工作实际,公司还成立了女职工委员会,按照女职工的实际情况,在孕期、哺乳期内合理安排工作和休息;女职工按照法律法规规定享受产假休息,领取产假工资;重视女干部的培养,激发女职工爱岗敬业的工作热情,增强公司的凝聚力。

(2)搭建发展平台,构建成才环境。按照"以人为本,创新超前,拼搏奋进,诚信卓越"的理念,公司全面贯彻"尊重劳动、尊重知识、尊重人才、尊重创造"的方针,为人才的成长提供健康和谐的环境。结合公司实际,在培训方面,制订实施了年度培训计划和具体培训方案,推进"素质工程",进行系统化培训,从而激励职工不断学习、深挖自身潜能,进一步提高员工素质及班组的管理能力与技术水平。

(3) 关爱职工办实事,构建和谐共享环境。一是坚持每年为全体职工进行体检,每年拨专款用于职工暑期降温费用和车间工人高温岗位补助等。二是每月为职工足额按时缴纳各项保险费用,使职工老有所养、病有所医,解除职工的后顾之忧。三是积极开展职工关爱活动,及时了解和掌握困难职工的基本情况,深入开展"送温暖"活动。工会工作人员坚持深入生产现场慰问一线职工,坚持对生病住院的职工进行探望,对职工结婚进行祝贺,对职工及家属病故进行吊唁和慰问。四是丰富职工文化生活。职工在业余时间可以到职工阅览室、乒乓球室、健身操房等活动场所学习、娱乐。五是组织"海特好声音"、海特集团足球赛、羽毛球赛、知识竞赛等丰富的企业活动,不仅让员工身心放松,也增强了企业凝聚力。此外,还积极组织职工参加高新区职工趣味运动会、石羊街道第四届健身舞比赛、石羊街道总工会职工技能趣味竞赛等。

正是得益于这一系列以人为本的措施,海特高新技术股份有限公司有效调动了广大职工的工作积极性,促进了企业经济效益的提高,劳动关系进一步和谐稳定,为构建和谐社会作出了积极贡献。

二、制造业

伴随着人口红利逐渐消失,原本依靠廉价劳动力的我国制造业陷入了用工荒,低劳动成本的优势已经不可持续。李丹桂和何新易(2017)① 基于长三角地区劳资冲突案件统计分析,认为主要有三个方面的因素对现有制造业劳资冲突产生影响:

---

① 李丹桂,何新易. 制造业转型升级中劳资冲突的动态特征——基于长三角地区劳资冲突案件统计分析[J]. 湖北省社会主义学院学报,2017(4):88-92.

第一,制造业转型是劳资冲突的内在动因。首先是劳动力成本不断上升和土地供给不足,致使制造企业的资源禀赋压力加大,特别是传统资源消耗型的制造业难以为继。

第二,产业转移对劳资冲突具有催化作用。合理的产业集中自然有最佳的外部经济状态,劳动生产率最佳且单位生产成本最低。过于集中的产业布局要求产业适当分散和向资源约束不强的地区转移,以达到全国经济区域发展的均衡性、协调性。制造业的扩散有着显著的行业差别:技术密集度越高,行业的扩散半径越小;劳动密集程度越高,行业扩散半径越大。随着低附加值的产业向郊区和中西部转移,原先的劳动关系环境已经发生改变,旧的劳动关系已经无法适应新的内外要素转变。

第三,产业结构变动和产业空间变化必然引起劳资关系的变化。在劳动换取报酬的劳动关系里,劳方的劳动力是一种特殊商品,具有普通商品所没有的人身和社会属性。劳动者不仅以获取经济利益为目的,还需要在工作岗位上获取尊严、体面和精神上的满足。如果劳动关系以劳资双方的双赢为最终目的,则劳资合作就走向和谐;如果劳资双方的目标利益和期望不相符合或者背道而驰,则劳资双方就会走向冲突。当劳资问题积压且得不到快速妥善的解决,劳资问题就会演变成群体性的、社会影响较大甚至破坏性较强的群体性劳资冲突事件。产业转型引起劳动者就业不适应。产业转型带来机器设备的更新和置换,生产工艺和管理也随之改变,附属于生产线上的劳动工人操作技能和知识更新也应该适应,但由于工人自我适应能力往往落后于工艺水平更新步伐,他们容易受到生产管理人员和制度的管制,要么被迫接受降薪,要么被迫离职或者被开除。

同时,随着制造业的转型升级,产业转移和产业结构、空间变动,对高素质劳动者需求增加,随之而来的问题是企业管理制度的滞后,造成劳资冲突频发,企业越来越难以吸引、激励、保留员工。

现阶段制造业的劳资冲突主要表现在:

(1)劳动合同执行不规范。在合同签订方式上,目前劳动关系仍以个体劳动关系为主,集体劳动关系尚处于形成阶段;在合同期限方面,劳动合同短期化现象较为突出。这些合同签订的不规范和随意化，直接导致劳动者对目前工作的稳定性表现出明显的"不乐观"，加剧了劳资双方的不信任，对立化明显。

（2）劳动关系主体对立化。社会主义市场经济体制逐步完善的过程，也是员工个体逐渐重视主体地位的过程，合理的个人利益诉求逐步得到了社会的承认和法律的保护，由此企业与员工之间的劳动关系也表现得越发复杂。企业方凭借其地位在劳动关系中可能表现得越来越强势，而员工也越来越愿意维护自身的权益，这就导致劳动关系双方主体趋于对立化。特别是在一些中小型机械制造企业中，劳动关系主体双方实际地位是不平等的，员工工资没有真正反映其劳动价值，加之员工的认识还没有达到认同企业文化的层次，很容易与企业方形成劳动关系的对立。

（3）劳动关系冲突显性化。伴随社会主义市场经济体制改革的深化，出台的劳动保障法律法规越来越多，也越来越完善；加之劳动者维权意识的觉醒，企业劳动关系冲突也越来越表现为显性化，近年来劳动争议甚至有"井喷"态势。对制造企业来说，显性劳动关系冲突是由历史遗留问题引起的，如企业改制导致大量员工失去工作，也有的表现为企业变相辞退工人，因而引发群体事件，使企业劳动纠纷越来越显性化。大部分的制造企业本身就属于劳动密集型企业，如果发生劳动纠纷很容易引发连锁反应，进而在企业内部引发群体争议，给企业和社会带来不稳定因素。

因此，面临这些问题，我们要不断完善企业管理制度，特别是薪酬管理。同时，管理制度的不合理、管理上级的态度和管理方式往往也会造成劳动者对组织目标认同的降低，致使员工不愿在企业长期就职，不愿意为企业发挥自己的能力，所以也必须直接管理与员工关系的调节。只有正确处理好这些问题，调理好劳资冲突，才能充分发挥企业的能动性，实现企业的可持续发展。

三、房地产行业

房地产行业作为国民经济重要行业，不仅对 GDP 提升和城市化推进起到了至关重要的作用，还创造了大量就业机会。此时，人力资源作为影响房地产企业生存发展的诸多有效性因素中"唯一具有潜在竞争优势的不可复制因素"①，作为一种具有能动性的可再生、可增值的稀缺资源，在市场竞争焦点逐渐从组织的物化资源竞争转向智力资源竞争的过程中，凸显出越来越重要的作用。劳动关系对房地产企业的影响越发显著，甚至影响了企业的战略决策。

白立文（2010）②认为，由于房地产行业的经营管理具有专业性强、风险大、投资额大、产业链条较长、投资回收期长、工作关系复杂等特点，其劳动关系除具备经济性、法律性、社会性等一般劳动关系的特点外，还具有其自身的特点，主要表现在以下几个方面：

第一，房地产行业劳动关系的复杂性。房地产业具有较长的产业链，需要相对应的人力资源。从房地产项目的立项、规划、土地出让或转让、拆迁、建设到销售等一系列经营行为，乃至后续的物业管理，都需要与各个环节相配套的专业人才。无法避免地会产生人与人之间的关系，特别是资方与劳动方的关系，每一个环节的活动都会产生相应的劳动关系，一旦处理不当，不但会造成这一环节的脱节，还会因此影响整个链条的稳定性，甚至因此而破坏掉整个链条。

第二，房地产行业对从业人员的综合素质要求较高。房地产行业单项工作的复杂性和综合性决定了其对人才，特别是高级人才的素质要求是复合的。一个房地产经理，不仅要具备一般管理者的素质，还需要有扎实的专业知识、决策能力、战略眼光、市场判断能力等各项综合素质。

第三，房地产业的用工时限具有多样性和随意性。房地产企业与其核心管理层的从业人员之间的雇佣关系一般可以存续较长时间，但一些针对具体项目的销售岗位、临时性岗位用工时限则具有较大的随意性，而在房地产中介部门，以及在物业管理等呈现劳动密集型特点的环节，基层员工乃至管理层人员在各个企业之间的流动性较大，人员的离职率也较高。

第四，工作绩效与薪酬关系特别密切。房地产业的薪酬制度与员工的工作绩

---

① 袁伦渠，林玳玳. 人力资源开发与管理［M］. 北京：清华大学出版社，2005.
② 白立文. 新劳动法视角下房地产行业和谐劳动关系的建立［J］. 现代物业，2010（11）：84－85.

效之间的关系特别密切，尤其是在销售岗位更加明显。在房地产销售环节和房地产中介部门，"无底薪"的薪酬制度较为普遍，企业对员工工作绩效有较为严格的考评制度，在一定范围内存在超时加班、无业绩则无工资的情况。

可以看出，由于房地产行业是一个多项目组合的运营模式，致使除了核心管理层外的其他项目部分的劳动力关系具有用工短期化的特征，加之房地产企业人力资源管理理念和方式上的滞后等因素，导致了目前我国房地产业劳动关系存在以下一些突出问题：

（1）合同签订率和履行率低。研究发现，我国房地产企业与员工签订书面合同的比例相对较低，尤其是在中介公司业务员、楼盘销售人员、建筑工人等岗位的签约率更低。资方为了利益可以随意压榨员工，甚至为了追求短期效益，故意不签订合同而肆无忌惮地利用合同签订前的试用期，频繁更换员工。这不仅不利于保障劳动者的合法权益，同时加剧了企业劳动关系不稳定性，导致劳资冲突频发。

另外，由于房地产企业刻意规避法律和基层劳动者素质较低等原因，劳资双方即使签订了合同也多是千篇一律，通常是企业的权利多而义务少，合同中可能存在着不合法内容，例如通过设置各种附加条款掩饰不规范的用工行为。在房地产的建筑业中，不履行合同的现象较为普遍，即使签订了劳动合同，拖欠和克扣农民工工资现象仍然普遍存在就是一个明证。

（2）多数公司的规章制定不符合法律规定的程序和民主要求。由于，员工结构的变动性，缺少稳定的基数员工，大部分房地产企业没有成立职工代表大会或工会，因此规章的制定不能经过职工代表大会或工会协商，也没有履行员工签收的程序，这就使得规章制度的制定和实施由于其可能涉及的程序违法而对其效力产生不利影响。

同时，由于大部分规章是房地产企业单方面制定的结果，这违背了劳动法平等协商一致的原则，也不符合现代企业管理的要求，不利于调动员工的工作积极性。

（3）存在同岗不同酬现象。我国房地产企业，过分地将员工薪酬与工作绩效挂钩。同一个房地产项目、同样的岗位，不同的销售人员可能会因为工作绩效的差异产生薪酬上的巨大差距，而无业绩则无工资现象的存在，使劳动者的基本生活无法得到保障。

因此，为了改进这些问题，促进整个房地产行业的长期健康发展，必须要进一步做好人力资源管理工作，提升员工关系管理水平，避免劳资冲突，建立和谐的劳动关系。

四、批发和零售业

批发零售企业多以中小型的民营企业为主，这一类企业的劳动关系首先具有中小型民营企业的一般特征，劳动关系的非稳定性和非协调性表现明显，这些特征在劳动合同的签订与公司制度管理等方面表现突出。批发和零售业劳动关系特点主要表现在以下几个方面：

第一，总体的布局缺乏对人才的吸引力。大部分的批发和零售企业依托于物质基础条件和区位条件，进入门槛低，规模小且分散、缺乏技术壁垒和核心竞争力，单靠点缀式的高科技产业难以形成人才集聚效应。

第二，企业劳动生产率低，不利于人才队伍稳定。过低的劳动生产率往往导致人力资本的过剩，人才的能力无从发挥，晋升空间不大，价值体现不足，不利于稳定人才队伍。

第三，领导者学历对人才流失和产业发展有影响。企业的成长性、创新性在一定程度上受制于领导者学历，失去向心力的企业是没有前途的，更难以吸引人才。

第四，企业培训力度不足。批发和零售业由于自身实力不足，管理体制落后等原因，并不重视对人才的培养，对人才的流失甚至采取放任态度，这些无形中都加剧了人才流失。

第五，企业文化的缺失。批发和零售企业往往不太重视企业文化建设，或者是只知其表不知其里，企业宣传栏里挂的各种口号和企业的实际作为大相径庭。在创业阶段和经济繁荣时期，精神建设的匮乏被良好的业绩所掩盖，一旦繁华落去，面对严峻的市场，各种潜藏的劳动关系风险和冲突便不可避免的爆发。企业唯有踏踏实实地做好企业文化的建设，赢得员工对企业文化的认可和认同，才能有效把控劳动关系风险，减少因劳资纠纷造成的经济损失和对员工士气的不利影响。

总而言之，面对不断变革的市场经济制度，批发和零售企业生存和发展的环境发生了巨大的变化，外部环境因素与企业内部需求的叠加，要求企业管理者及人力资源部门必须重视企业人力资源规划和战略，正确处理劳动关系，并将其深入运用到企业人力资源管理的各个模块中去，为企业在经济转型大潮中求新求变求发展贡献更大力量。

五、建筑业

建筑业是典型的资本密集型、技术密集型和劳动力密集型产业。建筑业不仅与广大人民的生活息息相关，还直接影响到国民经济的健康发展。但随着建筑企业走向国际市场，以及随之而来的激烈竞争，随着社会和公众对建筑质量的要求不断提升，我国建筑业的优势将不复存在。相反，建筑业科技含量低、人力资源素质较低、劳资冲突频发的问题摆在了建筑行业的面前。

其劳动关系特点主要表现在以下几个方面：

第一，员工流动频繁，缺少稳定的劳动关系。建筑行业对人力资源具有极大的依赖性，对人员的数量要求很高。在执行不同项目的过程中，对人力的要求是不一样的。在人员数量达到一定量的时候，对于人才的把控是不容易的，因为人才构成的本身相当复杂。但是大多数建筑企业的管理粗放，制度不完善，无法很好地全方位对人员进行掌控，人员流动率大。每一次的人员流动就意味着新的劳动关系的形成，而人员的变动周期往往短于稳固劳动关系的周期，毕竟人际关系的形成是需要时间的，这样必定造成劳动关系的变动性，使得劳资冲突频发。

第二，人员素质低下，难以建立和谐劳动关系。在建筑企业人员构成中，需要大量的工作人员，但是由于人员流动性大，所以对其中人员的素质把控存在一些问题。在建筑企业中往往以低学历的人员居多，这一类人员不懂管理，只追求快速的短期效益，因此在处理劳动关系的时候，往往采取高压或者纵容政策，激化了劳资矛盾，不利于和谐劳动关系的形成。

第三，员工结构不合理，劳资关系处理机制不协调。在建筑行业的人员结构最明显的是，传统型专业人才数量充足，但是缺乏创新型人才。人类正在进入信息化时代，建筑行业各类企业都在加强信息化建设，运用计算机和网络技术实现信息化管理，但建筑行业在这方面的人才严重不足。许多公司为了制度改革，往往直接引进新的制度，这些新的原则措施却与旧的人员构成相冲突，新的治理观念无法得到落实，使得劳资冲突加剧。

此外，在现阶段建筑行业的劳动关系还面临诸多问题，主要表现为：选才机制上不活，难以适应现代企业的发展要求；在人才的评价、晋升、激励上，往往论资排辈，任人唯亲、唯资，导致人才流动多；在人才评价的指标、晋升的标准、激励的措施没有一个系统的规定；员工培训被动参加的多，主动参加的少；企业组织外部培训的多，内部组织培训的少；因证培训的多，因才培训的少；短期应急的多，长远规划的少；职业技能资格认证的多，其他形式的少；培训不系统，项目层次不多，培训系统行为的规范化、手段的现代化、内容的系统化不能适应建筑业功能和形式的多样化、产品现代化的需求。

六、电力行业

在社会经济的推动下，我国电力行业呈现快速发展的态势，用工需求也在不断上升。但是在历史条件的限制下，电力行业的劳动用工模式逐渐朝着集体劳动用工、全民劳动用工、外聘劳动用工以及劳务派遣用工四种劳动用工形式共同组成的多元化模式发展。在这种劳动用工情况下，电力行业内部的员工往往存在着类型的差别，在分配机制与管理模式方面也就不尽相同，为劳动用工管理带来更多的问题。所以，为实现电力行业的不断发展，有必要明确劳动用工的劳动关系，加强劳动用工管理。

吴春永（2016）[①]认为，随着电力行业的劳动用工模式逐渐朝着多元化方向发展，对劳动用工进行管理的时候也逐渐出现许多问题：

首先，劳动合同的滞后性，导致劳动关系紧张。在多元化的用工模式当中，全员劳动用工是重要的组成部分，传统的关系处理就是直接和相关企业签订劳工合同，但是我国颁布劳动合约法律之后，传统的合同已经逐渐与法律相违背，这不利于电力企业的用工管理。

其次，劳动关系的特殊性。在多元化的用工模式当中，集体劳动用工处于十分特殊的地位。虽然这部分工作人员大多数和企业签订了劳工合同，但是在实际中却形成了三角形的劳动关系，原本只需要有雇方与被雇方两方实现直接合同关系，在集体劳动用工的特殊条件下还存在原本的主办单位的参与关系，主办单位依旧掌握着集体劳动用工的管理权力，致使电力企业对这部分员工的管理难以顺利实现，这样的模式为电力行业带来负担和一定的用工风险。同时目前电力企业对内部不同类型的劳动用工存在待遇差异，尤其是全民劳动用工和集体劳动用工由于所属的集体与国有两种不同的管理模式会造成明显的待遇差距。

最后，劳动关系治理水平落后。随着电力行业的发展还存在着由于多方合作而造成的企业性质与管理模式脱离以及管理水平落后的问题，劳动关系的处理仍然处在传统的高压式处理机制阶段，这只会加剧劳资冲突，难以适应企业的长远发展。

电力行业的不断发展与进步需求对行业内的劳动用工管理体系提出了更高标准的要求，但是在目前实际的劳动关系管理制度中依旧存在许多问题。这些问题可能会在电力企业中造成劳动纠纷问题，也有可能造成不必要的法律方面的风险，影响电力企业的发展。所以完善电力行业的劳动用工管理模式十分重要。要做到这一点，相关管理人员应当切实分析当前劳动关系管理模式存在的问题并制定相应的应对措施，只有这样，电力行业的发展才会更加迅速。

---

① 吴春永. 电力行业劳动用工管理［J］. 中外企业家，2016（36）：127.

七、热力行业

赵军（2012）[①] 通过对北京热力集团的分析，认为现阶段热力行业的劳动关系存在以下一些问题：

1. 缺乏职能部门管理，职责分工不清，劳动关系复杂化

热力企业中各部门各管理层级职责分工不清，特别是收费工作，集团层面缺少收费工作归口管理部门。热源分公司、供热公司、经营部都有收费管理职能，而三者在行政级别上没有隶属关系，收费工作难以统一管理。这就使得劳动关系复杂化，不恰当的管理容易导致劳资矛盾冲突加剧，不利于企业发展。

供热公司层面缺少对收费工作进行管理和监督的机构设置，就收费工作而言，供热公司与所级机构只有结算业务的接口，监控职能的不健全导致供热公司管理职能不能有效发挥。

供热的业务特点决定了供热是一种特殊的商品，在商品销售和使用过程中必须伴生有运行服务，而运行所和服务所的机构设置将收费和服务的职能分离，打破了这种商品的固有特性，致使商品在使用过程中由于协调滞后带来服务的不到位。机构设置的不合理反作用于收费环节，产生欠费。同时，各管理层级上没有应收账款管理的职能设置，集团层面的应收账款总数与所级机构的应收账款明细不一致，应收账款和账龄分析的不准确导致催缴工作无法有效开展。

此外，在目前的岗位编制里，还没有为收费人员定岗定责，收费人员不仅负责收费，还要进行面积核实、客户服务等工作，岗位职责界定不清加剧了劳动管理的难度。

上述部门和岗位设置上的职责不清，导致各管理层级的工作无法有效衔接，同时缺少有效的纵向和横向的监控关系，无法保障收费工作开展的系统性，加剧了劳动关系的复杂性，导致劳动关系管理难，不利于构建和谐劳动关系。

---

① 赵军. 供热收费项目人力资源管理优化研究 [D]. 北京工业大学，2012.

2. 职能链条过长影响劳动关系管理

大部分热力企业管理层级多,未建立统一的用户信息数据库,所有的用户信息分散到各个工段里,而原始的用户信息来自一线收费人员,由于对用户信息的获取和传递没有相应的监督措施,同时没有统一的数据库管理,数据保真性面临严峻考验。此外,管理链条过长造成信息传递中的等待时间延长,整个企业设有多级服务协调机构,信息在每一个管理层级中都要经过繁琐的审批程序,对收费工作产生间接影响。

多层级的管理需要处理重复甚至不同层级的劳动关系,加大了劳动关系管理的难度,稍有不慎,处理不当就会产生劳资冲突。同时,为了处理这些复杂的劳动关系,公司往往会聘用专业的内外部人员,使得企业的成本上升。

3. 人员薪酬结构缺乏有效的激励

根据数据分析,一是发现人员的收入水平仍然偏低,缺乏相应的激励薪酬手段;二是奖励下发时间晚且持续性难以保障,特别是集团下发的年终奖励也不具有持续性,站在一般劳动人员的角度,其愿望是能将浮动奖励部分固定下来。其次,根据霍茨伯格的"双因素理论"分析,人员的薪酬属于保健因素,奖金的增多其实对于人员的激励作用并不明显,一旦降低却会使员工产生极大的抵触情绪。因此,在增加员工基本薪酬的前提下,应该增加奖励的多样性。

4. 人员的整体素质有待提高

现代企业经营理念要求企业的生产运营以客户为导向,只有以满足客户需求为目标的活动才能真正创造价值。目前,由于我国国情加之热力公司的特殊性质,大部分热力公司尚未完全进入市场,供热义务的承担更大程度上是依附于行政命令和社会压力,没有完全站在销售商品的角度去考虑商品的质量,产生供热服务不到位的情况,收费人员、生产运行人员、维修人员缺乏服务意识、服务技巧。

问题集中表现在运行部门和收费部门之间的协调机制上。收费部门直接面对用户,最早知道用户需求,当需要运行部门配合时,由于部门本位主义和信息在传递过程中等待时间过长等因素的影响,运行部门未能及时提供维护服务,不能满足客户需求。

企业的管理层仍然停留于计划经济时代的行政思想,对员工采取行政高压式管理,不善于处理劳动关系;与员工的低素质相结合,易导致劳动关系之间难以调和的冲突。但由于员工在企业中的弱势地位,在面对高层的高压专制管理时,基层往往只有采取消极的反生产行为,甚至是隐忍态度,加之缺乏专业的协调机制,这些冲突一直以潜行状态存在,使得企业一直处在一种不安定和危机化状态,不利于企业的战略实施与长远发展。

八、住宿和餐饮业

随着经济的发展和人民消费水平的提高,餐饮业发展成为商贸领域的活跃行业、第三产业中的重要行业和国民经济发展的基础行业。餐饮行业作为传统的服务性行业,经营实体众多,劳动用工密集,同时也是典型的低收入行业。餐饮业企业规模小而分散,从业人员总量大而且农民工集中。因此,把握其劳动用工总体状况,剖析当前劳动关系面临的问题具有重要的现实意义。

王霞(2014)① 指出餐饮业用工主体主要为非公有制企业和小微企业、个体工商户,而劳动者主体又以低端劳动力为主,客观上极易造成劳动关系的复杂性和不规范性,与其他非公有制企业、小微企业一样普遍存在劳动关系不规范的现象,还有一些是行业长期以来形成的典型现象,集中表现在以下几个方面:

1. 短工化现象突出,劳动关系变动频繁

餐饮企业的劳动者换工作频繁,务工周期短。客观上的原因是餐饮行业进入门槛低,很多低学历人员往往将餐饮业工作岗位作为在城市就业的第一个跳板,等到在城市里站稳脚跟之后就会选择制造业,或相近的工资相对较高且劳动强度较小的其他行业,而从另外一个角度分析劳动力的高流动性的原因,这也是餐饮业劳动者"用脚投票",间接表达意愿的一种方式,在面临雇主的不合理管理的时候,由于工作的保值性低,他们往往通过辞职来表达自己的不满。

---

① 王霞. 餐饮行业劳动关系状况报告[J]. 第一资源,2014(2):131-147.

"流水式"员工造成劳动关系持续时间短,劳动关系转换频繁,随之产生许多问题,"招工难"现象就是餐饮业用工主体面临的最突出的难题。在劳动力市场整体上技术含量低、工作相对辛苦的普工招工难度加大的情形下,餐饮业首当其冲。

2. 书面劳动合同签订率不高,合同内容欠规范

传统的餐饮行业用工双方依靠的是师徒制、家族制等私人关系维系,随着相关法律法规的实施和劳动力市场运行的规范化,劳动合同形成契约关系成为劳动关系发展的主要方向。但由于企业和员工双方的原因,餐饮行业一直是劳动合同签订执行工作的"重灾区"。一些小企业仍主要以口头约定的方式来确定劳资双方的权利义务,还有一些企业在合同签订方面表现出明显的分层化,即只与少数管理技术岗位的劳动者签订劳动合同,而与一线劳动者,特别是农民工签订劳动合同的很少。国家统计局农民工监测调查结果显示,2012年住宿和餐饮业农民工未签订劳动合同的比例为62.4%,仅次于建筑业。大量使用学生、灵活就业人员、兼职人员、退休返聘人员等使餐饮企业劳资关系更为复杂,这其中既有属于《劳动法》《劳动合同法》调节的劳动关系,也有暂时尚未明确适用法律的其他雇佣关系,一旦发生劳资纠纷,处理起来难度较大。

尽管有的企业与员工签订了劳动合同,但对企业和劳动者双方的约束力并不强。一部分企业只是为了应付政府监察、规避法律责任而与员工签订形式上的合同文书,个别员工无法得到所签订的劳动合同文本;部分小企业不研究本企业的实际情况,简单照搬其他企业的劳动合同,缺少针对性;甚至一些企业还存在着"霸王条款",对员工的约束较多,对用工方的约束较少,合同中甚至约定了员工需要随时加班等内容。

3. 工资增长和决定机制不健全,劳动者议价能力低

餐饮行业近几年人工成本压力明显增加。但是,应当看到,2009年以来,劳动力市场供给形势的变化直接反映在劳动力价格——工资的变动幅度上。这其中既有"劳动力无限供给"时代结束的因素,也有对过去低工资竞争策略的部分补偿因素。尽管餐饮业作为一般劳动力密集型的行业也经历了工资的大幅上

升，但是这种上升对餐饮企业来说基本上是"被动式"的上升，只有在员工纷纷外流时，才被动增加员工工资，尤其是中小企业仍缺少与效益、经营绩效以及劳动力再生产成本相联系的工资正常增长机制。在原材料、房租、水电气费、各项税费及人工构成的主要成本费用中，餐饮企业通常认为其他成本的定价权自身无法掌控、话语权弱，只有人工成本是自身可以控制、最可能说了算的成本。在当前劳动者议价能力较低的形势下，一般是企业掌握了人工成本的决策主动权。餐饮行业的工资决定机制和正常增长机制没有普遍建立。

4. 对员工培训重视不足，员工缺乏长远职业规划

相当多的餐饮企业在人才培养问题上存在着一些短视行为，只使用人不培养人，没有形成与企业发展规划、战略相匹配的系统性、持续性的培训体系。许多餐饮企业不愿在员工培训上多投入，认为人才培养的成本高于直接招聘的成本，或者认为把人才培养得技术越高，人才流失得越快，所以不重视也不愿意进行人才培养，导致人力资源进一步流失。同样很少企业开展人力资源战略规划，容易导致员工对行业内的就业和发展前景缺乏信心，抑制员工的积极性和创造性，造成行业人力资源缺乏。

从员工的角度看，很多年轻人认为"端盘子"是一个不体面的工作，没有发展前景，既缺乏职业归属感，也缺乏企业归属感。从业人员普遍认为做服务员是吃青春饭，饭店工作只是一个落脚点。有时候企业提供一些培训，他们也没有心思去学习，只想每个月按时拿工资，再去寻觅新的工作机会，而一部分从技校职中毕业的劳动者，渴望提高操作技术能力；当他们感觉在一个餐企无法再学到新的知识技能的时候，就会选择跳槽，这种现象更多体现在厨房员工之中。

第六章　不同地区企业和谐劳动关系比较与分析

第一节　不同地区企业和谐劳动关系比较

一、数据分析

根据全国各地样本企业和谐劳动关系的大背景，本书将全国按照经济区划分为环渤海、珠三角、海西、中部、西部和长三角等地，数据分析结果如图6-1所示。

环渤海地区企业劳动权益保障得分的均值最高，其次就业保障的得分较高，双向沟通、伙伴关系实践、职业规划三者的得分均值和环渤海地区一样，低于就业保障，高于利益分享，利益分享、工会参与、员工参与的得分均值依次降低。珠三角地区企业劳动权益保障得分均值最高，其次是就业保障的得分较高，双向沟通、伙伴关系实践、职业规划三者的得分均值在珠三角地区大体一致，低于就业保障，高于工会参与，工会参与、利益分享、员工参与的得分均值依次降低。海西地区企业劳动权益保障得分均值最高，其次是就业保障的得分较高，双向沟

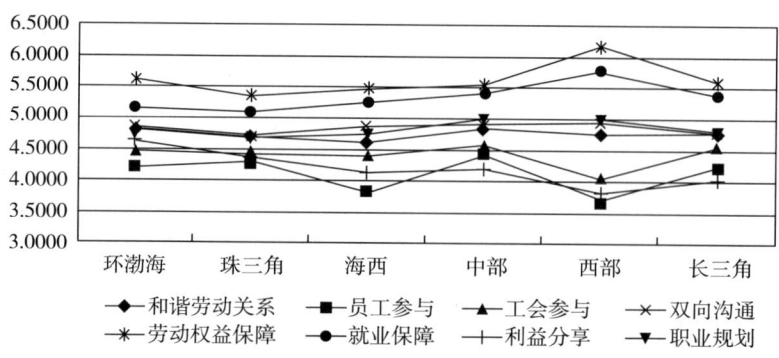

图 6-1 不同地区企业和谐劳动关系均值分布图

通、职业规划、伙伴关系实践、工会参与、利益分享、员工参与的得分均值依次降低。中部地区企业劳动权益保障得分均值最高,其次是就业保障的得分较高,职业规划的得分均值较就业保障的得分均值低,较双向沟通和伙伴关系实践的得分均值高,且双向沟通和伙伴关系实践的得分均值相同,工会参与、员工参与、利益分享的得分均值依次降低。西部地区企业劳动权益保障得分均值最高,其次是就业保障的得分较高,职业规划、双向沟通、伙伴关系实践、工会参与、利益分享、员工参与的得分均值依次降低。长三角地区企业劳动权益保障得分均值最高,其次是就业保障的得分较高,职业规划、伙伴关系实践、双向沟通的得分均值相同,且低于就业保障,高于工会参与,工会参与、员工参与、利益分享三者的得分均值依次降低。

为进一步比较不同地区的和谐劳动关系指标得分情况,本书统计了不同城市的得分,如表 6-1 所示。由表 6-1 可知,在调查企业所处地区中,有天津、泉州、芜湖、东莞、马鞍山、南京和山东的和谐劳动关系得分超过平均得分,而重庆、福建、泰州、无锡和深圳的和谐劳动关系得分低于平均得分。其中,在调查的工会企业中,得分最高的前三位分别为天津、泉州和芜湖,得分分别为 5.595、5.459 和 4.978 分。得分最低的三个地区分别为泰州、无锡和深圳,分别为 4.429、4.347 和 4.300 分。另外,芜湖地区的标准差最小,为 0.481,说明该地区的样本企业和谐劳动关系指数分布较为均衡。泰州地区的标准差最大,为 1.513,说明该地区的样本企业和谐劳动关系指数分布最不均衡。

表6-1 工会企业不同地区样本和谐劳动关系指数描述性统计

地区	企业数	均值	排名	中值	最小值	最大值	标准差
天津	9	5.595	1	5.839	3.726	6.480	0.765
泉州	5	5.459	2	5.641	4.251	6.190	0.807
芜湖	21	4.978	3	4.955	4.154	6.034	0.481
东莞	37	4.800	4	4.712	3.628	6.690	0.614
马鞍山	9	4.747	5	4.912	3.895	5.298	0.544
南京	105	4.713	6	4.679	2.721	6.671	0.927
山东	55	4.604	7	4.585	2.777	6.063	0.723
重庆	12	4.542	8	4.554	3.467	5.419	0.583
福建	23	4.486	9	4.421	2.477	6.208	0.891
泰州	35	4.429	10	4.433	1.916	6.698	1.513
无锡	2	4.347	11	4.347	3.771	4.922	0.814
深圳	15	4.300	13	4.445	2.505	5.622	0.854
总计	328	4.684		4.693	1.916	6.698	0.916

不同区域样本方差检验结果表明，不同区域样本的总体方差不齐（$F = 2.15$，$p = 0.017 < 0.05$），Tamhane's T2检验结果显示，只有天津地区的和谐劳动关系得分显著高于深圳（$p < 0.05$）。其他地区和谐劳动关系指数得分并没有显著差异。

二、结果讨论

通过前文对企业和谐劳动关系指数的二级指标和三级指标的分析，发现企业和谐劳动关系指数在不同地区之间差异性并不明显，只有天津地区的和谐劳动关系得分显著高于深圳（$p < 0.05$）。然而，在和谐劳动关系指标各维度上各个地区间还是有些不同。

在员工参与指标方面，得分最高地区为泉州，最低地区为无锡。多重比较发现，天津企业的工作参与指数得分显著比山东、南京和泰州深圳高（$p < 0.01$），也比东莞、福建、马鞍山、无锡和重庆要高（$p < 0.05$）。芜湖企业的工作参与

指数得分比重庆要高（$p<0.05$）。

在工作激励方面，得分最高地区为天津，最低地区为深圳。多重比较发现，各地区企业之间在"工作激励"指数得分方面并没有显著差异。

在沟通与发展指数方面，得分最高地区为天津，最低地区为深圳。多重比较发现，天津的得分显著高于山东、东莞、深圳、福建、马鞍山、南京、泰州和重庆（$p<0.05$）。其他地区企业之间的得分没有显著差异。

在雇佣保障指数方面，得分最高地区为天津，最低地区为深圳。多重比较发现，天津企业的"雇佣保障"指数得分要显著比深圳和泰州高（$p<0.05$）。

第二节 不同地区企业和谐劳动关系建设分析

企业是社会的重要组成部分，是社会政治经济活动的细胞。构建和谐劳动关系，是党的十九大提出的重大战略任务，是促进企业发展的需求，也是全社会成员的共同责任。从改革开放以来，随着社会主义市场经济的变化，我国的劳动关系发生了深刻变化，以公有制为主体、多种所有制经济共同发展格局的形成和公有制企业的改革，使劳动关系多样化、复杂化；用工制度的改革和劳动力市场的形成，使劳动关系市场化、契约化。与之相对应，在市场经济条件下调整劳动关系的手段、措施和机制也在逐步完善。以《劳动法》《劳动合同法》为主体的有关劳动合同和集体合同制度、劳动标准体系、劳动争议处理体制和劳动保障监察制度等相配套劳动关系的调整法律、法规体系的颁布、实施和建立，以及由中华全国总工会、劳动和社会保障部（2008年3月后，已与人事部合并为人力资源和社会保障部）、中国企业家联合会、中国企业家协会组成的国家级劳动关系三方会议制度的建立，使劳动关系矛盾调整处理步入了法律的轨道，向着有序的方向发展。这些制度改革和机制的形成，初步实现了劳动关系调整的法制化和规范化，为保持劳动关系的总体和谐，维护社会的和谐稳定，促进国民经济和社会的健康发展发挥了重要作用。下文将对不同地区企业构建和谐劳动关系的具体情况进行分析。

一、黑龙江省

(一) 和谐劳动关系建设现状

近年来,黑龙江省省委、省政府高度重视劳动关系工作,切实维护劳动关系双方合法权益,企业和职工实现了双赢发展,全省劳动关系总体保持和谐稳定,为经济社会持续健康发展提供了有力保障。为全面贯彻落实《中共中央、国务院关于构建和谐劳动关系的意见》精神,结合黑龙江省实际情况,明确提出了构建和谐劳动关系的目标任务:到"十三五"末期,参与创建和谐劳动关系企业(工业园区)数量稳步增长,实现全省企业劳动合同签订率动态保持在90%以上,集体合同签订率动态保持在80%以上,劳动保障监察结案率达95%,劳动人事争议仲裁结案率达92%,构建起与全面建成小康社会相适应的和谐劳动关系的体制机制和工作格局。

为全面贯彻落实《中共中央、国务院关于构建和谐劳动关系的意见》精神,黑龙江省结合实际制定了《实施意见》。《实施意见》分为构建和谐劳动关系的指导思想和目标任务、依法保障职工基本权益、健全劳动关系协调机制、加强企业民主管理制度建设、健全劳动关系矛盾调处机制、营造构建和谐劳动关系的良好环境、加强组织领导和统筹协调七部分共计28条。

(二) 案例分析

齐齐哈尔轨道交通装备有限责任公司(以下简称齐轨装备)在推进企业和谐劳动关系建设中,坚持从国有企业实际出发,创新思路、优化载体,通过不断实践,探索出一套较为有效的工作方法,在构建和谐劳动关系上取得良好成效①。

(1) 明确构建和谐劳动关系的基本思路和工作方针。国有企业构建和谐劳动关系的着力点,不单纯是要强化对劳动关系双方的行为制约,更重要的是如何

---

① 付强. 国有企业和谐劳动关系的建立与管理[J]. 现代经济信息, 2012.

在共同利益目标下实现协调、共赢的发展。在这一总体思路指引下，齐轨装备在推进和谐劳动关系中，注重突出共建共享思想，确立了"讲规范，抓根本，重纽带，育文化"的工作方针，全面推进和谐劳动关系建设。讲规范，就是大企业要有大企业的风范，严格执行国家的法律法规和政策制度，靠严谨的制度规范和行为规范履职尽责，这也是减少劳动纠纷最基本的保障。抓根本，就是要把维护企业和职工的整体利益放在首位，用加快发展统领全局、凝聚力量，在加快发展中实现企业与职工共建共享、互利共赢。重纽带，就是要努力激活各种积极因素，发挥好各级组织、各种载体的能动作用，把冷冰冰的制度管理变成和谐企业的建设性活动，起到凝心聚力的作用。育文化，就是要重视情感和文化因素在企业发展中的凝聚和推动作用，用和谐文化凝聚人心，用和谐文化打造和谐企业，实现美好家园的"长治久安"。

（2）合理搭建和谐劳动关系建设平台，不断完善和谐劳动关系建设的保障机制。齐轨装备经过多年的探索与实践，逐步形成了"党委统一领导，行政具体组织实施，工会履行维权职能，职工积极参与，党政工团齐抓共建，共同推进企业和谐劳动关系建立"的组织保障体系，建立了与构建和谐劳动关系相关的一整套管理制度，并实现"四个纳入"，即将构建和谐劳动关系纳入企业经济责任制考核、纳入党建工作目标考核、纳入党风廉政建设责任制和纳入工会系统"建家"竞赛考核，与领导晋级、年终评先以及领导班子奖励兑现挂钩，形成有效的激励与约束机制。制度的约束和机制的激励，形成了各层面重视和谐劳动关系的良好氛围，使构建和谐劳动关系成为企业的一项系统工程。

（3）突出工作重点抓推进，努力实现"四句话"方针的有效落实。具体做法一是严格执行劳动管理法律法规，依法按章约束管理行为；二是发挥职工代表大会作用，让职工享有同等的民主管理权利；三是推进深化厂务公开工作，实现经营管理透明化；四是实施平等协商集体合同，实现"两个维护"的统一；五是加强企业文化建设，营造良好的文化氛围；六是关注环境友好，提升企业品位；七是注重社会义务，履行企业社会责任；八是注重发挥工会组织作用，实现维护与建设相统一。

二、山东省

(一) 和谐劳动关系建设现状

为全面贯彻党的十八大和党的十八届二中、三中、四中、五中全会精神,深入贯彻落实《中共中央、国务院关于构建和谐劳动关系的意见》等文件要求,加快建立规范有序、公正合理、互利共赢、和谐稳定的劳动关系,现结合山东省实际,提出了相关实施意见。

在健全劳动关系协调机制方面,提出加快推进劳动关系领域地方立法、全面实行劳动合同制度、推行集体协商和集体合同制度、建立健全协商能力培训制度;在切实保障职工基本权益方面,提出切实保障职工取得劳动报酬的权利、切实保障职工休息休假的权利、切实保障职工获得安全生产与职业卫生保护的权利、切实保障职工享受社会保险的权利、切实保障职工接受职业技能培训的权利;在健全劳动关系矛盾调处机制方面,提出健全劳动保障监察制度、健全劳动争议调解仲裁机制、完善劳动关系群体性事件预防和应急处置机制;在营造良好环境方面,提出健全企业民主管理制度、推进厂务公开制度化与规范化、积极落实职工董事与职工监事制度、优化企业发展环境、引导企业经营者积极履行社会责任、推进企业诚信建设、加强对职工的教育引导、加强对职工的人文关怀;在加强组织领导和统筹协调方面,提出切实加强领导、明确部门责任、加强劳动关系协调能力建设及加强企业党组织和基层工会、团组织、企业代表组织建设与深入推进和谐劳动关系创建活动及营造构建和谐劳动关系的舆论氛围。

(二) 案例分析

1. 山东省顺和酒业股份有限公司

山东省顺和酒业股份有限公司(以下简称顺和酒业)以先进企业文化促进企业和谐发展,在构建和谐劳动关系方面具有显著成效①。企业文化是一个企业巨大的精神动力,是企业实现理想目标,走向稳定和谐的精神支柱。企业文化建

---

① 王乃静. 山东省民营经济发展报告 2012 - 2013 [M]. 济南:山东人民出版社,2014.

设取得成功的关键在于职工认同企业的文化体系,社会认同企业的经营理念,客户认同企业的服务品质。为实现企业经济效益稳步增长,劳动关系更加和谐,顺和酒业秉承"诚信团结、敬业奉献、求实创新、追求卓越"的企业精神,"谦德树人、品质立业、信誉为本、服务至上"的企业经营管理理念,"事业引人、待遇稳人、感情留人"的企业人才理念,共同造就了顺和品牌的核心竞争力。顺和酒业坚持"顾客需要的我们给予最好的"服务理念为消费者提供最安全、最放心的食品酒水,在此基础上打造食品酒水全产业链一站式服务、第三方支付服务。公司职工在先进企业文化的感召下,与管理层一道积极参与经营模式创新、新渠道开辟及潜在消费者挖掘,取得了显著成果。公司成立慈善基金,以回报社会为己任,实际行动提升企业信誉,先后开展了爱心献给福利院儿童的"春蕾计划",组织职工捐款帮助当地白血病女大学生,逢年过节主动探望老党员等活动。为弘扬中华孝道,公司还成立了顺和孝网,以"为天下父母共建顺和"为目标,每年开展"孝文化节",呼唤社会忠孝文化回归,增强了职工的归属感和自豪感。顺和酒业先进的企业文化力促企业发展壮大,用先进的企业文化感染职工、凝聚职工,为企业劳动关系和谐发展营造了良好环境,创造了有利条件。

2. 青岛绿谷农业专业合作社

青岛绿谷农业专业合作社(以下简称绿谷农业)在构建和谐劳动关系方面广泛借助各方力量,实现合作共赢①。绿谷农业成立于 2008 年 9 月,是一家旨在整合社会资源、搭建沟通平台、创新融资渠道、扶持小微农业产业的专业合作社。合作社由青岛市工商联牵头成立,与民生银行青岛分行深入合作,得到了青岛市农委有关部门的大力支持和广大社员的大力响应。合作社在经营过程中,广泛借助政府、金融机构、商会协会、科研机构力量,以专业化、集约化、标准化、规模化为立社方针,坚持"资源共享、统产联销"的经营方式,上接农户,下通市场,依靠政府、联合企业,形成了社员与银行之间信息对称、沟通及时、合作多赢、共同超越的载体。同时,由于经营领域的专业性,合作社不断争取机

---

① 王乃静. 山东省民营经济发展报告 2014–2015 [M]. 济南:山东人民出版社,2016.

会为职工提供科技指导、技能培训、理论提升。近年来,合作社各个环节均驶入发展快车道,尤其是劳动关系领域逐步走向健康和谐。合作社针对经营实际,坚持定期由工会牵头创造性地组织开展系列技能评比、业务练兵竞赛,并邀请青岛市工商联、相关专业机构对竞赛进行点评,邀请媒体对活动情况进行宣传报道,提高职工工作积极性和业务能力。坚持开展合理化建议活动,鼓励职工参与合作社管理,为实现合作社创新发展集思广益。对切实可行的合理化建议,合作社整理汇总后交由民生银行青岛分行、青岛市农委进行审定,审定通过后迅速铺开实施,并对职工给予奖励。坚持以人为本,落实合作社党风廉政建设、劳动关系制度建设责任。致力于打造一支作风正派、业务精通、素质优良的干部职工队伍。自合作社成立以来,主动接受各级人社部门在构建和谐劳动关系方面的监督管理,积极寻求各方的指导帮助,确保合作社劳动关系领域制度规范合理,职工与企业实现有序沟通,和谐共进。

3. 寿光天成食品有限公司

寿光天成食品有限公司(以下简称寿光天成)专注员工发展,帮助职工快乐成长,实现企业稳步发展①。寿光天成从事的是国家产业政策大力培育和支持的产业。自成立以来,集团坚持以"做健康食品、创世界品牌"为己任,奉行"以人为本,诚信多赢"的经营理念,坚持与职工形成"利益共享、风险共担"的利益连接机制,使企业不断做强做优,经济效益持续攀升。公司奉行诚信于职工,重视职工回报,关注职工参与,确保职工的个人发展和收益与公司的发展同步增长的理念。多年来,始终向职工大力灌输"你能够翻多大跟头,就给你搭建多大的舞台"的思想。在培养职工过程中,更加重视能力而非资历;创造公平的竞争环境,使优秀职工脱颖而出;在实践中大胆使用人才、用实战锻造人才。以岗位需求为依据,双向选择、严格考核、择优汰劣,兼顾发展,努力使公司职工具备坚实的专业基础、良好的团队精神、持续的学习能力。公司坚持不懈健全完善人才管理机制,明确管理者的责任就是通过搭建平台为每一个职工营造创新拼

---

① 黄海嵩. 中国企业劳动关系状况报告 2014 [M]. 北京:企业管理出版社,2015.

搏的空间，从而为企业创造财富。同时，积极打造公平竞争，任人唯贤；职适其能，人尽其才；合理流动，动态管理的人才管理机制。在用工制度上，实行优秀职工、合格职工、试用职工"多工并存，动态转换"。在干部制度上，重视对中层干部分类考核，确保每一位干部的职位都不是固定的，而是届满轮换。在一系列科学机制的鼓励下，寿光天成职工积极投身公司方方面面的发展建设，主动为公司实现转型升级、创新发展建言献策，自觉维护公司各项规章制度的规范运转，充分发挥个人能力，争取进步的机会；自觉维护公司劳动关系和谐，与公司实现持续同步发展。

三、四川省

(一) 和谐劳动关系建设现状

2016年四川省出台了《四川省委省政府关于构建和谐劳动关系的实施意见》，围绕依法保障职工基本权益、健全劳动关系协调机制、加强企业民主管理制度建设、健全劳动关系矛盾调处机制、营造构建和谐劳动关系的良好环境等方面进行了部署。新形势下，四川省构建和谐劳动关系的主要目标是加强调整劳动关系的地方性法规、政府规章、体制、制度、机制和能力建设，加快健全党委领导、政府负责、社会协同、企业和职工参与、法治保障的工作体制，加快形成源头治理、动态管理、应急处置相结合的工作机制，实现劳动用工更加规范、职工工资合理增长、劳动条件不断改善、职工安全健康得到切实保障、社会保险全面覆盖、人文关怀日益加强，有效预防和化解劳动关系矛盾，建立规范有序、公正合理、互利共赢、和谐稳定的劳动关系。

为实现以上目标，四川省将依法保障职工基本权益，健全劳动关系协调机制，加强企业民主管理制度建设；健全劳动关系矛盾调处机制；营造构建和谐劳动关系的良好环境。首先是在省协调劳动关系三方会议的基础上，成立省协调劳动关系三方委员会，由省政府领导担任委员会主任，市、县两级相应成立协调劳动关系三方委员会；其次是完善各级协调劳动关系三方机制组织体系，根据实际需要推动产业园区、乡镇（街道）和产业系统建立三方机制，充分发挥政府、工会和企业代表组织共同研究解决有关劳动关系重大问题的重要作用;最后要求各级政府把构建和谐劳动关系纳入当地经济社会发展规划和政府目标责任监督考核体系,营造构建和谐劳动关系的良好环境。

(二)案例分析

和谐劳动关系,一头连着企业,一头连着职工;一头连着发展,一头连着稳定。如何构建和谐劳动关系,让和谐阳光温暖每位职工?多年来,四川省宜宾五粮液集团有限公司一直在努力。

1. 遵章建制,保障员工权益

公司高度重视合法用工,根据新政策、新要求,依法建立和完善相关规章制度,使劳动关系主体之间的矛盾在制度范围内得到顺利解决。一是加强劳动用工制度建设。公司制定完善了《人力资源管理制度》《社会保险管理制度》《女职工劳动保护规定》等规章制度,不仅增加了管理的透明度,还加强了公司与基层员工的沟通,规范了公司劳动关系的调整与争议问题的解决。二是全面实行劳动合同制度。本着与劳动者平等协商的原则,公司及时调整修订《劳动合同书》,在册在岗职工劳动合同签订覆盖率达100%,真正做到了用人单位依法用工,劳动者自主择业。

2. 共享和谐,共享发展成果

牢记"发展依靠员工、发展为了员工"的宗旨,公司坚持以人为本、共建和谐,最大限度地维护员工群众合法权益,促进员工与企业共同发展、共享成果。一是建立劳动关系三方协商机制。依法建立健全了由集团公司工会、分工会和工会小组组成的工会组织体系,构建了由集团公司工会、公司职能部门、职工代表组成的公司劳动争议调解委员会,下属各车间、子公司也相应建立了劳动争议调解领导组,基层班组设立了劳动争议调解员,形成了三级劳动争议调解组织网络体系。二是严格遵守平等协商和集体合同规定。公司高度重视集体合同、工资集体协议平等协商和监督检查工作,规范和完善了协商程序,与公司工会合作,协商处理集体合同、工资集体协议签订和履行过程中的相关问题,进一步明确了公司与员工双方的权利和义务。三是完成薪酬改革,遵守工资支付和最低工资保障规定。自2015年1月开始，公司全面、深入地投入薪酬改革方案的分析、探讨和设计之中。期间，公司先后深入全部车间和职能部门开展访谈，共计完成数千人次的调查，广泛收集了上百条各类基层员工意见和建议，开展研究讨论50余次。2015年4月24日，薪酬改革方案顺利通过职工代表大会审议。薪酬改革后的工资做到了100%按时发放，对新签订《劳动合同书》的人员，公司所规定的最低基本工资标准远远高于宜宾市人民政府规定的最低工资标准。四是按时足额缴纳社会保险，做到全面参保。公司建立健全了社会保障管理制度，为职工参加购买了五项社会保险，确保员工的社会保险、福利待遇、休息休假等合法权益得到落实。另外，自2001年以来，公司一直致力于为上万名农民工争取参保政策。通过不懈努力，公司在全市范围内率先实现了农民工"五险一金"全员参保、全面覆盖，维护了农民工的合法权益，树立了社会知名企业的良好形象。五是加强劳动保护，防治职业危害。公司依据《职业病防治法》等国家相关法律法规，对劳保用品的标准进行了合理调整，增加了员工劳动防护用品发放量，特别加大了重点要害岗位人员劳动防护用品的投入。对有毒有害作业场所加强动态检查，向员工宣传防护知识，提高其自我保护意识和技能，公司保持了连续30年无重大伤亡事故和火灾事故的良好纪录。六是坚持劳动争议预防与思想政治工作相结合。公司充分尊重员工主体地位，建立上情下达、下情上传的沟通平台。坚持"员工访问接待日"制度，定时、定点开门办公，倾听员工的意见。坚持通过问卷调查、组织座谈、谈心走访、专题调研、设置意见箱等方式，有针对性地教育疏导、改进管理，有效维护企业和谐稳定。近年来，成功调解并妥善处理各类劳动争议案件数十起，调解成功率达到100%。公司从未发生过重大劳动争议或群体性事件。七是改善民生，提升员工幸福指数。公司在不断发展的同时，加大了改善民生的力度，为员工办了一系列好事实事，如提高公司待遇、提高工作餐补贴标准、购置公交车接送员工上下班、实行重急大疾病困难救助、解决员工子女就业等。在长期坚持扶弱济困、关怀弱势群体的基础上，专门设立了特困员工扶助基金，建立关心弱势群体长效机制。对基本生活困难员工给予必要的、及时的救助，保证员工"看得起病、住得起房、有工作可干、子女上得起学"。公司曾多次特事特办，分别为遭遇重大病患的员工或家属支付数十万元医疗费，员工反映良好，形成了发展促和谐、和谐促发展的良好氛围。

3. 以人为本，推进教育培训

公司始终坚持"培训是员工的最大福利"的理念，坚持"视人人为才、让人人成才"的科学人才观，引导和激励员工在岗位上实现自我价值，促进自身全面发展。深入扎实推进"学习型企业""知识型员工"建设，每年投入培训教育经费数千万元，通过"请进来"与"送出去"、理论与实践相结合的方式，以及组织优秀人才出国考察、到国内外著名高校进修深造等，为企业高速发展建立了一支高素质的职工队伍。目前，公司形成了一支数千人的人才队伍，其中专业技术人员 1930 名，具有正高级职称 8 人、副高级职称 66 人、中级职称 662 人、初级职称 1194 人；技能人员 10190 名，包括高级技师 1006 名、技师 1262 名、高级工 1287 名、高级品酒师 175 名、品酒师 165 名、三级品酒师 63 名。公司还培养了 5 名"中国酿酒大师"、21 名国家级白酒评委、36 名省级白酒评委、3 名国家级白酒特邀评委、18 名享受国务院特殊津贴专家、5 名全国技术能手、8 名省突出贡献专家、4 名"四川酿酒大师"、3 名"四川酿酒业营销大师"、3 名四川省十大杰出技术能手、8 名四川省技术能手、14 名宜宾市突出贡献技师、39 名宜宾市技术能手、19 名宜宾市拔尖人才、26 名宜宾市学术带头人。形成了互帮互助互相学习赶超，人人以终身学习为己任的良好企业氛围。

尽管各地纷纷在中央红头文件的指引下，结合自身发展优势制定出符合可持续发展战略的构建企业和谐劳动关系的措施，但从劳动关系的总体状况来看，劳动冲突依然频发，有些企业工会的职责仍不明朗，雇员与雇主之间的矛盾没能很好地得到解决。所以根据上述分析，本书提出以下几点建议：

（1）管理者应深刻认识中国经济、社会和就业环境转型对新一代员工工作价值观的影响。应深入研究 1980 年以后出生的新一代职工劳动关系主观评价偏差的特征。特别是在主观偏见高、客观地位组合差的情况下，管理者应该精心设计新一代员工最关心的项目。有些项目，特别是个性化的，如福利政策的设计，应该基于对不同员工需求的深入调查，并据此设计一个能够鼓励创新和高绩效，保护员工合法权益的工资制度。这样，劳动关系的客观状态就可以得到改善，主观评价偏差和客观状态之间可以达到相容。这是减少新一代员工在劳动关系中冲突感的重要基础。

（2）用人单位应高度重视对新一代员工工作价值观的科学管理。管理者不仅要尊重员工的个性化价值观，还要坚持通过优秀的企业核心价值观合理引导他们。这样，新一代员工的个人价值观就可以与企业核心价值观兼容。例如，新一代员工对挫折的容忍度较弱，对雇主的忠诚度较低，这会导致对上级、管理制度和职业生涯规划的评价偏差。管理者需要引导员工避免这些观念上的偏差。这些偏差也应从行为和态度的角度使用必要的调节方法加以纠正。雇主可以使用通融或协作的方法来解决冲突。这两种方法应将新一代雇员的主观偏见与雇主的期望结合起来，以减少劳资冲突。

（3）雇主应设计一个合理的机制来激发 80 后新生雇员的心理动机，因为这些雇员具有不同于老一代雇员的个性和价值需求。这些差异应体现在对不同员工劳动关系的主观评价偏差上。然而，由于相关管理体系的僵化和形式化，一些主观评价偏差被削弱。因此，雇主可能会对管理无力和冲突有深刻感觉，同时打算对新一代雇员进行有效的管理。因此，企业层面的劳资关系管理应关注新一代员工的内在愿望。要探索建立与新一代员工思想和偏好相适应的新的沟通模式，制订能满足其成长需要的培训方案，设计激励创新的奖励制度，确保与新一代员工充分沟通和平等谈判，签订劳动合同等。这些潜在的价值主张一旦实施，将对新一代员工对劳动关系的主观评价偏差产生积极影响，大大减少雇主在管理上的无能和冲突感。

四、江苏省

（一）和谐劳动关系建设现状

在加强和创新社会管理的新形势下，江苏省总工会、省人社厅、省经信委、省企业联合会、省工商联联合省质监局，共同制定了《劳动关系和谐企业评价规范》（以下简称《评价规范》），并联合下发了贯彻实施《评价规范》的指导意见。以促进企业发展和维护职工权益作为开展创建工作的出发点和落脚点,将解决职工最关心、最直接、最现实的利益问题作为衡量劳动关系和谐状况的核心指标。重点开展劳动合同签订、工资集体协商开展、职工收入正常增长、劳动争议调处、职工民主管理、企业自主创新企业文化建设和社会责任履行等工作内容,并且用员工满意度衡量工作成效,用企业自我评价与第三方评价衡量劳动关系和谐状况。

目前,江苏省各地积极广泛开展《评价规范》的宣传推广和贯彻实施工作。指导企业自觉对照《评价规范》,从劳动关系的建立、运行、监督和矛盾调处等关键环节入手,依法规范用工行为,积极担当社会责任,增强企业凝聚力和职工归属感。鼓励企业秉承"过程创建持续改善动态和谐"理念,提高企业劳动关系和谐程度,推动企业与职工结成更紧密的利益共同体、事业共同体和命运共同体。

(二)案例分析

根据江苏省相关政策,苏州市出台了《关于对劳动关系和谐企业给予正向激励的意见》,苏州市人力资源和社会保障局于2018年9月27日出台了《关于对劳动关系和谐企业给予正向激励的意见》[①]。上述文件的主要内容如下:

1. 充分认识激励企业创建和谐劳动关系的重要意义

党的十九大提出,完善政府、工会、企业共同参与的协商协调机制,构建和谐劳动关系。中共中央、国务院和江苏省、苏州市先后出台了《关于构建和谐劳动关系的意见》及实施意见,对新时期构建和谐劳动关系作出一系列重要部署。开展劳动关系和谐创建活动,是构建和谐劳动关系的重要载体,对加强和创新社会治理、保障和改善民生、建设社会主义和谐社会、促进经济持续健康发展、增强党的执政基础、巩固党的执政地位具有重要意义。各地各有关部门要充分发挥企业在和谐劳动关系创建活动中的主体作用,建立健全对苏州市劳动关系和谐企

---

① 同喜. 江苏率先颁行《劳动关系和谐企业评价规范》地方标准 [J]. 工会信息,2012 (18): 35.

业的联合激励机制，推进社会信用体系建设，引导和鼓励广大企业参与创建和谐劳动关系，扩大创建活动的覆盖面，全力打造新时代苏州共建共治共享和谐劳动关系新格局，为苏州争做"强富美高"新江苏建设先行军排头兵，创造和谐稳定的社会环境。

2. 切实加大对劳动关系和谐企业的激励力度

文件提出，被评估认定为苏州市、县（市）、区"劳动关系和谐企业"的，享受以下激励政策：

（1）纳入信用"红名单"供社会查询应用。作为良好信用信息，列入劳动关系和谐企业"红名单"，推送至公共信用信息系统，在"信用苏州"网站予以公示，并在政府机关、企事业单位、社会团体等单位、个人依法查询和应用信用产品时予以标注。

（2）在没有被举报或投诉的前提下，免予劳动保障主动监察；无投诉举报以及相关部门提请稽核，且年度社保缴费基数申报调整无异常情况下，免予社会保险缴费基数稽核。

（3）经审批实行特殊工时工作制的，许可有效期可由一年延长至三年。

（4）连续两个浮动周期内工伤发生率为零且工伤保险支缴率为零，费率下浮至行业基准费率的50%。

3. 不断激发企业参与和谐创建活动的内生动力

（1）高度重视，加强组织领导。各地各有关部门要提高政治站位，主动争取当地党委政府的支持，强化对创建活动的指导和协调，切实加强领导，认真组织实施。各地要严格按照《苏州市劳动关系和谐企业和工业园区评价指标》开展评估认定工作，规范评定程序，公开透明操作，体现评估认定工作的公信力。各地也可结合实际，补充建立适合本地的激励扶持政策，不断提高劳动关系和谐创建活动吸引力，推动和谐创建工作可持续健康发展。

（2）注重宣传，营造舆论氛围。各级协调劳动关系三方组织要将此项政策宣传作为重点工作抓紧抓好。要积极主动协调宣传部门，充分利用电视、报刊、网络等多种形式，加大宣传力度，集中开展1~2次专项宣传活动。要广泛深入基层开展日常政策宣传活动，利用通俗易懂的语言和喜闻乐见的方式，切实把和谐创建激励的政策措施宣传到位，形成正确舆论导向和强大舆论声势，进一步激发劳动关系双方参与创建活动的积极性，引导和鼓励企业广泛参与到创建和谐劳动关系中来，从源头上凝聚构建和谐劳动关系的共识和合力，营造全社会共同关心、支持和参与构建和谐劳动关系的良好氛围。

（3）狠抓落实，定期报送情况。各地各有关部门要把落实劳动关系和谐创建激励机制作为当前抓好构建和谐劳动关系工作的重要任务，纳入重要议事日程，定期将"劳动关系和谐企业""红名单"推送至同级公共信用信息平台，加强"红名单"共享应用，大力支持劳动关系和谐企业在市场经济活动中取得竞争优势地位，获得社会普遍尊重和认同，从而引导企业积极主动参与创建活动，确保联合激励政策措施落地生根，取得扎扎实实的效果。

苏州此次联合出台对劳动关系和谐企业的正向激励政策力度空前，实用性强，具有相当吸引力，破解了以往部分企业参与劳动关系和谐创建活动积极性不高的难题，将全面激发苏州市劳动关系各方参与和谐创建活动的积极性，提升社会信用体系的建设水平，打造新时代苏州共建、共治、共享和谐劳动关系新格局，为苏州争做"强富美高"新江苏建设先行军、排头兵创造和谐稳定的社会环境。

五、广东省深圳市

（一）和谐劳动关系建设现状

根据2015年3月中共中央国务院公布的《关于构建和谐劳动关系的意见》，广东省委、省政府发出文件，号召全省推进共建和谐劳动关系综合试验区工作，加强构建和谐劳动关系的改革和理论创新。同时为了进一步探索劳动关系治理的新路径与新模式，适应社会发展所面临的新情况，广东省开展了省市共建和谐劳动关系综合试验区的试点工作，目前已经设立了广州市花都区、深圳市盐田区、惠州市大亚湾区、深圳市坪山区和中山市火炬开发区五个省市共建和谐劳动关系综合试验区,在经济发展新常态下进行探索构建中国特色和谐劳动关系新路径①。具体如表6-2所示。

表6-2 广东省设立省市共建和谐劳动关系综合试验区信息简表

序号	试验区名称	批复设立时间
1	省市共建广州市花都区和谐劳动关系综合试验区	2015年5月
2	省市共建深圳市盐田区和谐劳动关系综合试验区	2015年8月
3	省市共建惠州市大亚湾经济技术开发区和谐劳动关系综合试验区	2016年6月
4	省市共建深圳市坪山区和谐劳动关系综合试验区	2017年7月
5	省市共建中山市火炬开发区和谐劳动关系综合试验区	2017年12月

目前,广东省市构建的和谐劳动关系综合试验区是由党委领导、政府负责下依据各地的产业布局和区域发展特色而形成的一系列劳动关系治理实践。各个试验区对劳动关系的治理主要包括:劳动者的就业服务、对企业的用工管理、劳动纠纷和协商协调、劳动纠纷的预警防范、培育社会组织形成劳动关系的社会协同治理、和谐劳动关系的文化营造等。

(二)案例分析

盐田区是一个依港而起的城区,尤其是以盐田港区为核心的港口运输物流行业是盐田区的支柱产业,盐田码头港区的集装箱拖车运输行业、装卸行业的企业一直是治理的重点。由于港区内外是两套不同的集体劳动关系,尤其是"入厂包工"的复杂用工情况使劳动纠纷不断产生。2007年4月7日凌晨,"盐田国际"280名"塔吊"和"龙吊"司机因工资、工时、成立工会等问题集体罢工,导致港口营运停顿,影响班轮14艘,国际影响很大。同时盐田区以服装制造为主的田心工业区中的低端制造的企业居多,存在用工制度和用工标准不规范的情况。

针对存在的问题,盐田区的治理机制主要包括以下几个方面:首先盐田区在围绕劳动纠纷的化解工作中,构建了长效机制与应急机制相结合的体系。以盐田

---

① 袁健. 和谐劳动关系综合试验区的试点成效与未来展望——以广东省深圳市盐田区为例[J]. 中国劳动关系学院学报, 2018 (4): 50-60.

区"一案一课一建议"的办案机制与移动仲裁庭为例,通过"以案说法"以及劳动仲裁的现场庭审,加深了劳动者以及企业对相关劳动法例条文的认识,从而在劳动争议的处理上取得了源头治理的效果。其次在企业以及劳动者的激励与约束方面,盐田区所开展的和谐劳动关系示范企业创建活动、和谐劳动关系示范社区创建活动以及和谐劳动关系企业示范点创建活动等,促进企业规范用工管理,并通过对示范企业的表彰和奖励,促使在企业、行业、社区形成示范效应。在企业的约束方面,体现在贯彻《劳动法》《劳动合同法》等法律实施的同时,依据产业特殊性而开展政策引导。如《关于加强盐田国际码头港区劳动用工管理的通知》《关于加强装卸行业劳动用工管理的通知》《关于加强集装箱拖车运输行业劳动用工管理的通知》等,针对区域企业或产业企业的用工情况的特殊性、劳资隐患的潜在可能性,督促企业参照政策指引和法律规定而调整用工行为。再次在多方参与的协同治理格局方面,盐田区委区政府一直在积极培育有利于促进区内劳动关系和谐发展的社会组织,共同参与到和谐劳动关系的构建。其中,培育形成了三个促进劳动关系和谐发展的重要社会组织,包括深圳市盐田区和谐劳动关系促进协会、深圳市集装箱拖车运输协会和深圳市盐田区港口汽车运输业工会联合会。三个社会组织在盐田区构建和谐劳动关系的过程中都发挥了重要作用。最后在劳动关系治理的保障体系方面,盐田区劳动关系的治理保障体系主要为组织保障和财政保障。针对盐田区劳动关系治理工作的开展,省市人力资源和社会保障厅(局)负责综合试验区的总体协调和业务指导,并成立了省市共建和谐劳动关系综合试验区工作领导小组。通过纵向的府际合作模式,为劳动关系治理提供了重要的组织保障。区财政为保障盐田区劳动关系治理的顺利开展,在2018年盐田区人力资源局部门预算报告中,为劳动关系和维权设置专项支出,其中针对和谐劳动关系工作的经费为157万元,保障省市共建和谐劳动关系综合试验区的建设形成了长期投入机制。

深圳市盐田区自2015年获批省市共建和谐劳动关系综合试验区以来,一直牢记自己承载的历史使命,积极创新领导协调、社会参与、源头治理、预防调处和评价考核五大工作机制,在劳动关系治理体制、机制、能力、效能和理论研究等方面不断取得实质性突破，初步形成了构建和谐劳动关系的盐田标准。2016年全区工业增加值上升2.6%，工业全员劳动生产率提升了17%，规模以上工业企业经济效益综合指数上升19.6%。同时港口产业也取得了平稳发展。2016年，盐田港区进出口集装箱吞吐量达1144.6万标箱，单港稳居全国第一，继续保持稳步发展势头，年吞吐量已累计第7次突破千万标箱。从盐田区劳动关系综合指标来看，盐田区的劳动关系治理获得了显著成效。

六、天津市

（一）和谐劳动关系建设现状

天津市积极构建规范有序、公正合理、互利共赢、和谐稳定的劳动关系，在健全机制、创新举措、和谐劳动关系构建工作方面取得新进展。首先，天津市建立劳动关系和谐企业信用体系。与中国人民银行天津分行签署合作备忘录，将和谐企业信息纳入人民银行信息系统。发布第一批1171户"和谐守信"企业名单，向银行业金融机构重点推介，为和谐企业在融资贷款等方面提供便利，支持和谐企业健康发展。其次创新服务和谐企业新模式，围绕构建和谐稳定劳动关系主题，举办"和谐劳动关系大讲堂"，聘请相关领域专家学者，组织集中授课、业务研讨和现场观摩，宣传和谐企业、和谐园区经验做法，增强企业依法用工意识。目前，已在西青区、宝坻区成功举办两期，近200户企业参加培训。最后推进和谐企业"互联网+"建设。以网络平台建设为契机，对2007年以来命名的1.4万户和谐企业，进行逐户筛查确认，目前已确认和谐企业5600余户。同时，将信息纳入人力社保信息系统，为实现和谐企业动态管理和服务夯实了基础。

（二）案例分析

天津滨海新区是全国35个加强和创新社会管理试点城市之一，区政府充分认识到构建和谐劳动关系对保障和改善民生、扩大公共服务、促进社会公平正义乃至推进新区和谐社会建设的重大意义，从2011年开始筹划、申请"构建和谐劳动关系综合试验区"，将滨海新区建设成为劳企两利的和谐首善之区，成为企业和劳动者的向往之地。

自建设和谐劳动关系综合试验区以来,在市人社局帮助下,滨海新区通过不断完善三大体系和十大机制,逐渐形成了"大三方、大调解、大协调、大预警、大服务、大激励、大培训、大协同、大网格"的工作格局。各部门、各功能区积极投入,企业和职工热情参与,营造了构建和谐劳动关系的浓厚氛围,取得了良好的成效。三年来,滨海新区经济社会蓬勃发展,GDP年均增长20.3%,劳动关系保持总体稳定,未发生重大群体性劳动争议事件,劳动争议案件量仅占全市的24%左右,明显低于滨海新区在全市GDP中的贡献占比;区域工资集体协议范围大幅扩大,覆盖企业1.3万户,职工52.5万人,覆盖率较综合试验区启动前提高了近31%,协议备案率提高了近100%;和谐企业典型不断涌现,目前滨海新区共有国家级和谐企业3户,市级劳动关系和谐企业1200多户,拥有国家级和谐园区2个,市级园区4个,区级园区5个,各级和谐园区覆盖企业达驻区企业的50%以上。

滨海新区作为全国首个构建和谐劳动关系综合试验区,在实践探索中积累了不少值得借鉴的工作经验。第一,在健全企业民主协商机制方面,天津市滨海区出台了《关于深入推进劳资协商工作的指导意见》,着重引导企业健全信息共享机制、诉求表达机制、直接对话机制,为企业和职工开展协商沟通提供指引;发布了《企业薪酬福利调查报告》,为企业和职工协商确定薪酬水平提供参考依据;设立了"劳动关系和谐企业创建奖""建立工资正常增长机制突出贡献奖",对开展工资集体协商并为一线职工增长工资的企业,开发区按一线职工工资增长额的15%予以配套奖励。第二,在引导企业人性化管理方面,新区政府对辖区内的企业注重正面引导,实施典型引路,及时总结和宣传推广构建和谐劳动关系的典型经验,以点带面,整体推进。通过一批和谐劳动关系标兵企业和示范企业,以人性化的管理,提高了员工的忠诚度与归属感,促进了劳动关系的和谐。如诺和诺德(中国)制药有限公司的"家庭日计划";海鸥手表的"夏季宿舍安装空调送清凉""春节返乡接送包车"活动;天津重钢机械装备股份有限公司的"约定返岗奖励计划"等。第三,在完善劳动关系矛盾预防预警机制方面,海新区在完善劳动关系调整机制上,重视矛盾预防,实现源头治理行政管理体制改革后,按照功能区与街镇的辖区范围,将新区划为26个网格,通过条块结合,网格化管理,构筑新区预警工作系统。在每个网格都设立预警工作队伍,构筑起完善的预警稳控工作网络,以此实现矛盾纠纷源头治理。第四,在健全劳动关系矛盾化解机制方面,全区19个街镇均设立了劳动争议调解窗口,并按照"五有"标准配备了劳动争议调解员、标识和必要设备。新区总工会也在职工服务中心配备专业人员,提供劳动争议调解、困难职工帮扶、法律援助、心理疏导等全方位"一站式"便捷服务①。

七、湖南省

(一)和谐劳动关系建设现状

中国工运研究所成立调研组,在湖南省长沙、岳阳、湘潭等地进行专题调研。调研组深入调查了解湖南省坚持党政主导、法制驱动、各方配合、工会力推,以维护职工核心利益为根本、以健全法制为保障、以社会合力为平台,着力构建和谐劳动关系的探索和经验。调研指出,在积极的探索之后,湖南省形成了一条具有湖南特色的社会主义和谐劳动关系搭建之路。

面对新形势湖南省委、省政府从做好顶层设计、完善长效机制入手,努力探索具有湖南特色的和谐劳动关系构建之路。其主要做法为: 是各级党委政府自觉把构建和谐劳动关系摆上重要位置。省委、省政府多次召开省委常委会、省委常委专题办公会及省政府常务会议。省委书记周强、省长徐守盛多次亲自主持研究职工就业、社会保障及权益维护等突出问题,就构建和谐劳动关系提出明确要求。二是在建设法治湖南进程中,扎实推进劳动法治建设,相继出台《湖南省实施〈工会法〉办法》(2003年)、《湖南省劳动保障监察条例》(2005年)、《湖南省职工代表大会条例》(2007年)、《湖南省集体合同规定》(2007年)、《湖

---

① 刘畅,王媛. 沟通、协调、分享、共赢——天津滨海新区和谐劳动关系试验区建设在路上[J]. 中国劳动,2016(3):4-9.

南省实施〈就业促进法〉办法》(2009年)、《湖南省企业工资集体协商条例》(2011年)等一系列地方性法规。三是动员各方力量形成构建和谐劳动关系强大合力。建立由多部门联合组成的劳动关系矛盾排查化解制度、各级政府与工会联席会议制度以及劳动关系协调委员会制度。四是充分重视工会在构建和谐劳动关系中的作用，赋予工会组织更多资源和手段。当前，湖南已基本形成"党委重视、政府支持、各方配合、合力推进"和谐劳动关系创建格局。在形成上述格局后湖南省的和谐劳动关系构建有了明显的改善效应，成效显著。

第一，劳动合同签订率显著提高。截至2011年底，湖南省动态劳动合同签订率为98.06%，其中国有及国有控股企业劳动合同签订率为99.8%，外商投资企业为98.5%。湖南省总工会曾抽样调查名职工，其中的职工与工作单位签订了劳动合同，一年及一年以上期限的占无固定期限的占71%。

第二，平等协商、民主管理等运行机制不断健全。截至2011年底，湖南省基层工会涵盖法人单位有149710家，涵盖企业法人单位有100164家，其中建立工资集体协商制度的企业有60051家，覆盖职工有655万人，建立职代会制度的有79884家，建立厂务公开制度的有70317家。

第三，劳动争议案件有所下降。职工平均工资稳步提高，2011年城镇非私营单位的在岗职工年平均工资达35520元，比2010年提高了16.5%；私营单位就业人员年平均工资达21483元，同比增长24.7%。社会保障覆盖范围不断扩大，截至2011年底，湖南养老保险参保企业达58479户，在职参保人员达554.15万人，净增36.62万人。劳动争议案件下降，2011年湖南调处劳动争议案件5.8万余件，与2010年的6.3万余件相比下降了7.9%，立案受理的案件有55.6%通过仲裁调解结案，有效缓和了劳资冲突。

第四，劳动关系监督执法力度加大。2011年全省各级劳动保障监察机构主动监察3.7万家各类用人单位，督促用人单位与40.07万名劳动者签订了书面劳动合同，督促用人单位依法缴纳了社会保险费944万元。在农民工工资支付专项行动中，检查各类用人单位12886家，涉及农民工74.82万人，责令支付工资及赔偿金总额7751.06万元；在清理整顿人力资源市场秩序专项执法行动中，清理整顿1638家职业介绍和用人单位，处理440起违法案件；在整治非法用工专项行动中，排查乡村"四小"企业6012户，涉及劳动者11.82万人，查处违法案件2148件。

（二）案例分析

首先是建立了坚强有力的组织保障体系。一是强化组织领导。湖南根据对本省劳动关系实际状况的研判，2002年以来先后在省级层面成立企业劳动合同和工资分配综合治理工作领导小组、清欠工程款和农民工工资领导小组、民营企业和谐劳动关系协调委员会等组织领导机构，有效发挥有关部门的职能优势，建立健全了构建和谐劳动关系的协调机制，加强了对构建和谐劳动关系工作的组织领导。二是谋划构建目标。湖南将构建和谐劳动关系纳入"两型社会"发展目标，涉及劳动合同、工资分配、劳动标准、社会保险、法律实施机制、争议调处机制等目标内容。认真贯彻执行《湖南省保障和改善民生实施纲要2011—2015年》，大力实施就业增收工程、社会保障工程，把建立健全工资正常增长机制、缩小收入分配差距、完善各项社保制度、实现社会救助全覆盖作为保障和改善民生的重要任务，分解量化目标任务，严格考核督查为全省构建和谐劳动关系厘定了方向和路径。三是创新工作措施。2009年湖南省政府在全国较早下发了《关于全面推进职工工资集体协商工作的意见》，明确规定经协商的工资税前列支等措施。省政府还将工资集体协商列入对市州政府的绩效考核体系，部分市州把工资集体协商建制列入政府为民办实事内容。2011年，湖南在全国率先出台了《保障和改善民生实施纲要》，重点安排就业增收、社会保障以及安全生产等工程，通过增进劳动关系和谐促进社会和谐。

其次是建立了稳定可靠的法律保障机制。一是以完善的立法作为基础。2011年2月，为妥善解决职工群众反映强烈的分配不公、收入悬殊等紧迫问题，省人大常委会将原列为2011年立法调研的《湖南省企业工资集体协商条例》提速，列入当年重点立法计划，并于2011年11月27日审议通过了《湖南省企业工资集体协商条例》，且于2012年5月1日起正式施行。目前，《湖南省实施社会保险法办法》已列入重点立法计划，实施《劳动合同法》地方性立法调研正式启动。同时省委省政府建立了规范性文件备案审查制度,确保地方政策文件同法律法规及中央的方针政策相适应、相协调。湖南先后就工资、就业、社保、劳动安全等方面出台了一系列发展和谐劳动关系的政策,特别注意与有关法律法规衔接配合,确保政策文件规定内容与法律法规相一致,促使劳动关系方面的政策规范具有可预期性和稳定性,为构建和谐劳动关系提供稳定可靠的政策保证。二是以严格的执法为保障。全省组织开展了一系列执法检查及专项整治行动,如实施"企业劳动合同和工资分配综合治理三年行动计划",开展整治非法用工、打击违法犯罪专项行动,开展工资清欠工作等。湖南劳动监察实行网格化管理和网络化管理,推动劳动保障监察执法由被动反应型向主动预防型转变。长沙市在实施网络化管理中探索建立劳动关系监督员、信息监督员等制度,对劳动关系进行实时管理。三是以调解仲裁作为化解劳动争议的主要方式。通过协商、协调解决劳动争议是一种成本低、效果好、导向和谐的方式。如岳阳市建立企业、乡镇街道和县(区)三级劳动争议调解组织,定期开展劳动关系矛盾排查和预警,同时开展劳动用工规范一条街活动,以地域为突破口,坚持面上推进,规范企业用工行为,取得良好成效。

最后是构筑了有序有效的社会共建格局。一是三方机制广覆盖。全省普遍建立了协调劳动关系三方机制,基本建立了全方位、广覆盖的省市县三级劳动关系协调网络,一些区县还积极探索通过街道、乡镇劳动保障平台、工会组织、企业代表组织,把三方协商机制向街道、社区延伸,督促企业规范用工、改善劳动条件、履行社会责任,有效预防和处置了各种劳动关系矛盾。二是联席会议制度化。针对当前工会和职工需要解决的问题,既赋予工会资源和手段又研究解决问题的办法,积极构建发展和谐劳动关系的长效机制。省政府与省总工会联席会议决定省财政安排3000万元困难职工帮扶专项资金,并列入预算。湖南还围绕与广大职工切身利益相关、极易诱发劳动关系矛盾的劳动报酬、工资收入等核心问题,建立由劳动、国税、地税、工会、企业联合会、工商联组成的专门性联席会议制度,加大工资集体协商工作推进力度。三是创建活动聚合力。按照"政府实施主导、三方协调运作、企业积极争创、职工全员参与"的模式深入开展"和谐劳动关系企业（园区）"创建活动。"十一五"期间，全省选树了120户省级和谐劳动关系模范企业和7个示范工业园区，26家企业和3个工业园区获得"全国和谐劳动关系模范单位"荣誉称号。

第七章 工会企业与非工会企业和谐劳动关系比较与分析

第一节 工会企业与非工会企业和谐劳动关系比较

一、数据分析

表7-1给出了工会企业和非工会企业和谐劳动关系的方差分析结果。由表7-1可知，直接参与、代表参与、工作柔性、绩效反馈、薪酬设计、利益分享、员工发展、沟通平台、就业保障和权益保障等所有和谐劳动关系各二级指标上，工会企业与非工会企业都有显著差异。除非工会企业的"代表参与"得分很低（3.39分，低于均值3.50分）外，其他九项指标最低得分也有3.85分；因此，无论企业是否为工会成员，整体得分都不低。总体而言，工会企业在所有的二级指标中得分都高于非工会企业。

表 7-1　工会企业与非工会企业和谐劳动关系方差分析

	直接参与	代表参与	工作柔性	绩效反馈	薪酬设计	利益分享	员工发展	沟通平台	就业保障	权益保障
工会企业	4.15	4.43	5.03	5.42	5.18	5.11	4.98	4.91	5.14	5.46
非工会企业	3.85	3.39	4.75	5.02	4.74	4.74	4.59	4.40	4.70	5.15
F 值	6.81***	55.83***	7.39***	10.73***	12.41***	7.63***	13.90***	19.56***	14.62***	9.60***

注：*** 表示 p<0.001。

由于工会企业与非工会企业在各个维度上都有显著差异，需要进行多重比较，表 7-2 是多重分析的结论。由表 7-2 可知，工会企业的直接参与、代表参与、工作柔性、绩效反馈、薪酬设计、利益分享、员工发展、沟通平台、就业保障和权益保障等方面都比非工会企业要高。

表 7-2　工会企业与非工会企业方差分析的多重比较结果

变量名	分析方法	工会企业（I）	非工会企业（J）	均值差异（I-J）	显著性
直接参与	Tamhane	工会企业	非工会企业	0.31	0.000
代表参与	LSD	工会企业	非工会企业	1.05	0.000
工作柔性	Tamhane	工会企业	非工会企业	0.28	0.000
绩效反馈	Tamhane	工会企业	非工会企业	0.40	0.000
薪酬设计	Tamhane	工会企业	非工会企业	0.44	0.000
利益分享	Tamhane	工会企业	非工会企业	0.37	0.000
员工发展	Tamhane	工会企业	非工会企业	0.40	0.000
沟通平台	Tamhane	工会企业	非工会企业	0.51	0.000
就业保障	Tamhane	工会企业	非工会企业	0.43	0.000
权益保障	Tamhane	工会企业	非工会企业	0.32	0.000

表 7-3 给出了工会会员与非工会会员的和谐劳动关系的方差分析结果。由表 7-3 可知，和谐劳动关系各二级指标中，直接参与、代表参与、绩效反馈、

薪酬设计、员工发展、沟通平台、就业保障和权益保障等方面有显著差异，在工作柔性和利益分享两个指标上则没有显著差异。所有十个指标工会会员、非工会会员的指标均值的最低得分为3.80，高于7点量表的均值3.50。

表7-3　工会会员与非工会会员企业和谐劳动关系的方差分析

	直接参与	代表参与	工作柔性	绩效反馈	薪酬设计	利益分享	员工发展	沟通平台	就业保障	权益保障
工会会员	4.18	4.49	4.98	5.40	5.15	5.09	5.01	4.93	5.19	5.49
非工会会员	3.96	3.80	4.93	5.23	4.97	4.94	4.74	4.60	4.84	5.27
F值	5.68**	46.95***	0.43	3.13*	3.66*	2.38	11.81***	14.51***	17.31***	8.87***

注：***表示 $p<0.001$，**表示 $p<0.01$，*表示 $p<0.05$。

表7-4的多重比较也发现，在直接参与、代表参与、绩效反馈、薪酬设计、员工发展、沟通平台、就业保障和权益保障方面，工会会员的得分都显著高于非工会会员。因此，总体而言，工会会员在所有的二级指标的评分都高于非工会会员，而在工作柔性设计和利益分享方面，工会会员与非工会会员并没有表现出显著差异。因此，工会会员在和谐劳动关系的评价方面明显要高于非工会会员，表明在企业管理以及工会管理的制度设计方面，工会会员与非工会会员有可能是有所差异的，而这种差异具体体现在直接参与、代表参与、绩效反馈、薪酬设计、员工发展、就业保障和权益保障方面，尤其是在直接参与、代表参与、员工发展、沟通平台、就业保障和权益保障方面，工会会员与非工会会员的差异更加明显。

表7-4　工会会员与非工会会员方差分析的多重比较结果

变量名	分析方法	工会会员（I）	非工会会员（J）	均值差异（I-J）	显著性
直接参与	LSD	工会会员	非工会会员	0.22	0.001
代表参与	LSD	工会会员	非工会会员	1.50	0.000

续表

变量名	分析方法	工会会员（I）	非工会会员（J）	均值差异（I-J）	显著性
绩效反馈	Tamhane	工会会员	非工会会员	0.17	0.037
薪酬设计	Tamhane	工会会员	非工会会员	0.18	0.022
员工发展	LSD	工会会员	非工会会员	0.27	0.000
沟通平台	Tamhane	工会会员	非工会会员	0.33	0.000
就业保障	LSD	工会会员	非工会会员	0.35	0.000
权益保障	Tamhane	工会会员	非工会会员	0.22	0.000

二、结果讨论

本研究运用大样本数据从是否是工会企业以及是否是工会会员两个角度对和谐劳动关系各二级指标进行了深入分析和验证。

通过对前面企业和谐劳动关系指数的一级指标和二级指标的分析，发现企业和谐劳动关系指数在工会与非工会企业间都有显著准差异，并且在和谐劳动关系各三级指标上也表现出类似的规律。具体来说，相对非工会企业，工会企业在直接参与、代表参与、工作柔性、绩效反馈、薪酬设计、利益分享、员工发展、沟通平台、就业保障和权益保障等所有和谐劳动关系各二级指标上的得分都要高；企业工会员工在直接参与、代表参与、绩效反馈、薪酬设计、员工发展、沟通平台、就业保障和权益保障等方面显著高于非工会员工，但在工作柔性和利益分享两个指标上则没有显著差异。

工会企业相对非工会企业以及工会员工相对非工会员工在和谐劳动关系各二级指标上的表现大多有明显差异，表明经过多年的发展，我国企业工会在构建和谐劳动关系方面还是做出了较大贡献。这些结论与当前的多数研究结论一致，也初步验证了本书评价体系的科学性和合理性。

第二节 工会企业和谐劳动关系建设分析

一、提升工会在企业内部工作的贡献力

首先来看一个国企工会与企业和谐劳动关系构建的实例①。

首先，要提升企业内部工会工作的贡献力。

国企工会的建立，主要是为企业生产经营服务，为了更好地达到服务目的，要使工会服务这一最直接载体作用于国有企业的日常生产经营过程，经常在单位内部展开群众参与度高的劳动竞赛，是最佳的解决办法。通过劳动竞赛的形式，不仅能够实现员工的自身价值，也能够让企业职工将自身的潜能最大限度地发挥出来。为了在企业内部做到提升劳动竞赛活动的高度、充实劳动竞赛活动的厚度以及拓展劳动竞赛活动的广度，国企工会就需要将劳动竞赛这一载体利用好，从而为企业内部的员工创造出建功立业的机会。从提升劳动竞赛活动的高度来看，为了能够在竞赛中挖掘出优秀人才，进而使其为企业创造出更大效益，就一定要针对劳动竞赛这一活动的策划与组织内容进行积极强化，将完善的竞赛考评机制建设起来，由部门推荐人才参加；同时为了鼓励企业内部员工在企业发展过程中做出更多贡献，还应该将建功立业的标兵评选标准制定出来。从劳动竞赛活动的厚度充实角度来讲，要围绕企业在发展过程中出现的时期性新任务、新需求这一核心内容展开劳动竞赛活动，并在此基础上利用创新型的企业管理手段，将项目活动的展开集中于有效解决企业自身科学发展水平滞后问题。在活动的形式上，可以采用管理创新与多产发展相结合展开，进行充实劳动竞赛的内容。从劳动竞赛活动广度的拓展视角来分析，为了实现企业效益优先、科技引领的目标，就需

---

① 刘继光. 国企工会在构建和谐劳动关系中的作用研究［J］. 企业论坛，2017（7）.

要将具有创新意识的工作室、活动基地等基础设施建设起来,进而将经济技术创新活动开展起来。为了实现企业管理与科学技术和服务的创新,还要将对标找差距应用其中,并秉持下去,最终利用建议征集形式广开言路,使和谐的劳动关系在国有企业工会的作用下构建出来。

其次,要在国企内部强化民主管理的同时提升工会的监督力。

(1) 会议渠道实现畅通无阻。根据我国当前的经济发展形势来看,为了将专属于国企特点的调整工作做好,就要以工会的组织形式、工作内容以及职权为关键,建立职代会制度。在此期间,为了确保企业内部民主形式管理工作的展开,进而达到员工主人翁意识的提升,就需要做好企业发展与内部员工之间的利益挂钩,通过工会的审议建议权、通过权、决定权以及选举权进行重要决策的制定。

(2) 实现组织渠道的畅通无阻。为了实现企业工会组织沟通渠道的畅通无阻,就一定要坚持企业内部党委机构的统一领导,做到党政齐抓共管。由国有企业的工会进行组织,各个部门分工负责,员工积极参与的模式构成,在此基础上保证企业内部员工所反映的问题都能够得到有效解决,并得到各级工会的组织保证,将待解决问题的政策措施落到实处,最终将国企工会在构建和谐劳动关系中的作用最大化发挥出来。

(3) 完成日常渠道的畅通无阻。在日常渠道的畅通方面,只有将国有企业的长期性经营规划、经营资源的采购、生产产品的营销、财务工作的管理、投资事项的决策以及企业经营新产品的研发等诸多事项,通过劳动竞赛这一载体不定期进行开展,才能把国有企业的企务公开制度完善工作做好。在此基础上,面对部分未依据相关要求进行企业事务公开或者仅做"表面功夫"的企业,利用健全的责任追究机制以及企业员工的评价制度严格制裁。

再次,要体现人文关怀进而优化企业工会的亲和力。

为了将企业建设成"员工之家",就一定要把亲情化管理手段融入工会工作开展的内容中去,如此才有立场去要求员工爱企如家。企业在帮助员工解决工作生活中的实际难题时,可以从三个方面着手,分别是强化"暖心"工程、加强人文关怀以及关心职工成长。第一个方面，国有企业工会需要在单位内部有效完善生活困难员工的个人档案，实时掌握在职员工的生活困难现状，将相关慰问常态化，并为其提供最暖心的精神支持和物质帮助。第二个方面，企业工会组织可以将工作的范围深入开展到单位一线的基层群众中，将基层群众的生活、工作状况有效掌握于心，面对出现的矛盾问题积极进行调解，从基础上让企业整体员工的凝聚力集于一体。第三个方面，是指对员工在工作生活中的成长进行关心帮助，将员工知识充电的教育平台搭建好，营造出全员学习知识、技能的正能量工作氛围，鼓励员工参与到工会举办的创新型活动中去，进而促进企业员工综合素质的全面提升。

最后，要提升文化建设进而构建和谐的劳动关系。

作为企业员工的"精神食粮"、企业自身的灵魂所在，企业文化的重要意义不言而喻。从企业文化建设的角度上来讲，员工参与建设的关键性载体就是文体活动的开展；其开展的意义不仅在于能够提升企业整体员工的综合素质，更能够在一定程度上将企业发展的凝聚力、向心力以及员工归属感进行强化。基于此，工会在文体活动的开展过程需要注意以下几个问题：一是需要将坚持服务作为文体活动开展的中心内容。企业工会开展文体活动的重心应该倾向于活动形式的多样化，全方位地将文体活动所要展示的企业风采、文化品位凸显出来。二是需要切实保证企业工会开展的文体活动能够做到贴合员工实际工作、生活。以此为核心组织的企业工会活动必须与企业的实际经营发展状况结合起来，做到因地制宜，节约经费，形式灵活，将活动与行政工作之间的关系协调好，从而将内容丰富、形式多彩的文体活动向企业员工呈现出来。三是文体活动的实际开展期间需要做好统筹规划。换言之，只有妥善地制订出完整的目标计划，有完善的运行机制，才能通过诸如员工文体协会创建等方式，达到文体活动总体的最佳规划、劳动关系的最佳协调以及企业资源的最佳整合。

二、工会依法维护员工权益①

广安市总工会下辖 6 个区市县总工会、1 个经开区总工会、2 个园区工会工作委员会、4 个行业系统工会，其中基层工会 5432 个。工会会员 89.06 万人，其中农民工会人员达 52.6 万人，非公企业会人员 23.68 万人。在当前经济社会转型时期，尽管劳动关系的主体及其利益诉求越来越多元化，劳动关系矛盾进入凸显期和多发期，但全市劳动关系总体和谐稳定。

近年来，广安市各级工会坚持"促进企业发展、维护职工权益"，依法维护职工劳动报酬、休息休假、劳动安全卫生保护等权利，实现了职工体面劳动、尊严劳动、快乐生活，促进了企业发展，维护了劳动关系和谐稳定。

（一）扎实推进集体协商机制，依法维护职工合法权益

一是深入推进集体合同制度。集体合同制度是市场经济条件下协调劳动关系的重要法律制度，也是维护职工合法权益的有效机制。广安市各级工会深入推进集体协商制度，就劳动报酬、工作时间、休息休假、劳动安全卫生、职业培训、保险福利等事项，签订集体合同。广安市共签订集体合同（不包括各类专项集体合同）2641 份，覆盖职工 209145 人。二是切实开展工资集体协商提质增效工作。为了提升工资集体协商针对性和实效性，充分发挥工资集体协商在调整劳动关系中的基础性作用，切实维护职工合法权益，促进企业发展，维护社会稳定，广安市通过召开企业工资集体协商工作推进会、举办培训班、开展工资集体协商"集中要约"行动等形式，切实推进了企业工资集体协商工作。截至目前，广安市有工资集体协商指导员 12 人，签订工资专项集体合同 1844 份，覆盖职工 25.11 万人。三是女职工特殊权益得到有效保护。为了从源头上维护好女职工特殊权益，广安市把签订好、履行好女职工权益保护专项集体合同作为重要抓手，通过建立工会目标考核责任制度、发挥"三方协商"会议作用、开展人大执法检查，在检查落实好集体合同签订的同时，抓好女职工专项集体合同签订和履行

---

① 刘惠. 健全三方四家协调机制　着力构建和谐劳动关系[J]. 中国工会，2016（8）.

工作的落实。截至目前，全市签订女职工专项集体合同1832份，覆盖女职工20.51万人。

（二）健全企业民主管理制度，依法维护职工政治权益

一是始终坚持和完善职工代表大会制度，确保国有及国有控股企业、非公企业等职工代表参与企业管理，改革的重大事项、职工分流安置方案必须通过职代会讨论审议，广泛征求职工代表意见。对职代会的职权、组织制度、工作制度进行认真总结和创新，使职代会制度在继承中发展，在实践中完善。广安市832个国有、国有控股企业及事业单位全部推行了职代会制度，1961个非公企业推行了职代会制度，占企业总数的90%。二是不断深化厂务公开制度。全市企事业单位广泛开展了厂务公开，以关系企事业发展的重大问题和职工群众普遍关心的热点问题为厂务公开的重点，对事关企业改革发展的中长远计划、经营管理制度改革和人事制度改革等重大战略决策，涉及企业职工切身利益的工资奖金分配方案、生活福利设施更新改造等都进行了公开公示，切实保证职工群众的知情权，推动厂务公开不断深入发展，增强企业的凝聚力和向心力。广安市国有及控股企业都推行了厂务公开制度；非公企业有1965个推行了厂务公开制度，推行率达90.1%。三是扎实推进职工董事、职工监事制度。坚持凡依法设立董事会、监事会的公司都应建立职工董事、职工监事制度，在职工董事会、职工监事会研究决定公司重大问题时，认真履行职责，代表职工行使权利，充分发表意见，代表职工参与企业决策，发挥监督作用。

（三）健全三方四家协调机制，着力构建和谐劳动关系

推动协调劳动关系三方四家机制、政府和群团联席会议制度健全完善，不断创新构建和谐劳动关系的新方式和新方法，进一步完善广安市劳动关系三方四家协调机制。一是不断推进协调劳动关系机制制度化、规范化，研究制定了工作实施意见，建立健全了定期协商、信息沟通、情况通报、劳动关系预警、重大问题协商处理等三方四家协调工作制度。二是完善广安市三方四家机制职能，充分发挥三方四家机制共同研究解决劳动关系领域重大问题的独特作用，建立了工作联席会议制度，形成工作合力，落实工作任务，化解劳资纠纷。三是认真做好和谐

劳动关系企业、工业园区、乡镇（街道）创建、培育和评选工作。督促企业落实劳动合同，改善职工生产生活条件，依法依规落实节假日及带薪年休假等规定，依法保障职工休息休假权利。

（四）搭建法律援助平台，推进维权工作法制化建设

受经济下行压力加大影响，劳动争议案件呈倍数增长，广安市为了切实维护职工（农民工）合法权益，一是以办理工会法律援助案件经费补助为抓手，鼓励各级工会自己办理或委托律师办理工会法律援助案件，市总工会与多家律师事务所签订了法律服务协议书，努力建设多元化、高素质的工会法律服务队伍，全力维护每个案件受援人的合法权益，引导职工理性维权。二是充分调动和发挥基层工会劳动争议调解委员会的作用，多次举办全市劳动争议调解员、劳动法律监督员业务培训班，不断提升"两员"履职能力，用工会法律援助案件补助经费调动"两员"积极性，把劳动争议消除在源头，化解在基层。三是建立工会劳动法律监督员队伍和网络平台，把触角延伸到基层调解委员会，便捷、高效、及时地掌握和了解各地的劳动关系状况。目前，市县两级工会全部建立劳动法律监督网络平台，工业园区、乡镇、街道等区域性法律监督组织网络平台建成率达80%，有专兼职工会劳动法律监督员3500多人。

分析发现，虽然广安市在依法维权、构建和谐劳动关系等方面做了一定的工作，取得了较好的效果，使职工的经济、文化、民主政治、安全生产等权益基本得到了落实，但还存在以下几方面的问题：

（1）签订劳动合同意识淡薄，造成劳动关系确认困难。其原因一是部分用人单位不与劳动者订立书面劳动合同。为了追求资本利益最大化，降低成本，部分用人单位有意不与劳动者签订劳动合同，不给职工缴纳相关社会保险费。二是多数农民工法律意识淡薄，缺乏订立书面劳动合同的法律意识，有一些农民工考虑工作的短期性，没有订立书面劳动合同保护自己合法权益的习惯。三是部分劳动者不愿缴纳社会保险费中的个人部分，部分职工明确表示不愿签订劳动合同。

（2）工会干部人才队伍建设滞后，亟待提高。一是部分工会干部在协调劳动关系过程中，依法维权能力不足，不具备专业化岗位所需要的能力和职业资

第七章 工会企业与非工会企业和谐劳动关系比较与分析

格。二是大量不具有法律专业知识的人员承担着工会法律工作的重担。广安市除市总工会1名工作人员取得法律本科、1名工作人员法律专科以外,其余6个区市县总工会、1个经开区总工会、2个园区工会工作委员会、4个行业系统工会从事法律工作人员均未取得法律专业专科以上学历。三是人少事多,县级工会平均只有5人左右,难以完全按照全国总工会、省总工会要求开展工作,不能满足工会法律工作要求。四是工会公职律师招不来、留不住、人才引进不到位。五是经费短缺成为制约购买法律专业人士服务的瓶颈,影响了专业人士法律援助案件的办理。

(3) 劳动关系三方协调机制不够完善,难以形成合力。一是在供给侧结构性改革过程中,涉及职工切身利益和合法权益的问题越来越复杂,需要更多的政府职能部门的介入,协调解决更广泛的劳动关系问题。二是劳动关系三方相互协调配合不够,一些工作制度机制难以落实。由于缺少强有力的制约机制,政府有关职能部门与工会协调配合上还有待加强,有的地方维权资源未得到充分整合利用,形成的维权合力尚不尽如人意。

(4) 企业民主管理、集体协商作用发挥不充分。部分非公企业厂务公开制度、职代会制度作用发挥差,虽然有些企业建立了职代会制度、厂务公开制度、职工董事监事制度,但在涉及企业改革、职工切身利益等重大问题时,没有按法定程序公开、公示,没有通过职代会审议或流于形式。在当前经济压力加大的情况下,企业对工资集体协商重视不够,劳资双方工资共决机制难以实现;职工参与协商的能力和手段欠缺,协商效果不好。

所以本小节最后针对这些问题提出一些对策。构建和谐劳动关系要坚持以人为本、依法构建、共建共享、改革创新的原则,加快健全党委领导、政府负责、社会协同、企业和职工参与、法治保障的工作体制,最大限度地增加劳动关系和谐因素、最大限度地减少不和谐因素,促进经济持续健康发展和社会和谐稳定。

(1) 强化宣传,增强劳动关系双方的法律底线意识。一是采用报纸、电视、网络等宣传手段,制作微电影,开展律师进企业以案释法等宣传方式,深入系统地宣传法律法规,鼓励企业承担应尽的社会责任;二是督促用人单位依法用工,及时和职工订立劳动合同,办理社会保险;三是建好劳动维权网络,开通维权电话等,为劳动者维权提供平台;四是指导企业建立良好的企业文化,在充满关爱与相互融合的企业文化中,提升劳动关系双方的法律意识营造在法律框架下协商解决问题的氛围,倡导企业在追求经济效益的前提下注重文化建设,增加员工对企业的认同和归属感,与企业共进退。

(2)加强工会法律工作队伍建设,适应工作需求。新时期工会能否充分发挥职工权益维护"娘家人"作用,人才是关键,迫切需要加强队伍建设。一是加强工会法律工作队伍建设。提升工会干部的依法维权能力,推动工会干部综合性岗位向专业化、职业化岗位转变。各级工会招聘、补充工作人员时,优先考虑法律专业人员充实到维权岗位,同时加强对工会干部的法律培训力度。二是加强工会法律工作专业队伍建设。一方面充分发挥工会公职律师、专兼职劳动争议调解员、劳动保障法律监督员等工会法律工作者的作用;另一方面要与高等院校、科研院所、律师协会、律师事务所等加强合作,积极利用法律专家学者、律师等社会资源,夯实工会法律工作律师队伍,从组织上保证工会具有代表和维护职工合法权益的能力。三是加强工会法律志愿者队伍建设。为提升工会为广大职工提供有效法律服务的范围、水平和能力,可从社会资深律师、离退休政法工作者中聘请工会法律服务志愿者,壮大工会法律工作者队伍。

(3)完善集体协商制度特别是工资集体协商制度的法律法规。目前,对工资集体协商,只有原劳动和社会保障部的《试行办法》和全总的《深入推进工资集体协商规划》等部门文件规定,一些省市出台了《工资集体协商条例》,但全国没有出台相关法规,建议全国应尽快出台《工资集体协商条例》。同时,应对不签订集体合同、不进行集体协商等问题,从法律上明确相应的罚则。

(4)强化协作机制,形成部门合力。进一步完善多部门之间的协同联动机制。进一步与住建、人社、公检法等政府、司法部门建立健全联动维权机制,在查清事实的基础上充分运用行政、司法手段,降低诉讼成本,缩短维权时间;加强与劳动监察、劳动仲裁、人民法院、人民检察院、司法行政部门的配合,在法律援助的基础上实现司法救助,强化调解工作,进一步减少职工(农民工)的诉讼成本和降低工会法律援助成本。

三、工会工作模式创新①

大连金普新区是东北地区第一个国家级新区。金普新区总工会从健全区域协商、咨询指导、策略培训、外企联络、主席保护、民主决策六项制度入手,充分发挥企业工会、区域工会和外企联合会制度和机制的预防调解作用,保证了区域劳动关系的稳定,效果明显,这一地区的群体性劳资矛盾发生率很低。

(一)区域协商制度

金普新区总工会每年都会对代表性企业进行调研,了解企业的生产经营情况,涉及职工重要利益的事项,引导双方依法协商,以此确定全区集体协商工资标准。同时,还组织企业集中培训,推进工资集体协商制度的落地。通过这一系列措施,10.5%的员工工资得到增长,实现了企业发展与员工发展的一致,促进了劳动关系的稳定。

(二)咨询指导制度

通过建立咨询指导制度,提升了工会的维权服务水平。首先,搭建工会与员工的沟通平台。新区总工会建立微信公众平台,致力打造成为职工贴心的服务台、活动室、资料库和信息源,提供政策咨询、权益维护等服务。在工会干部QQ工作群,企业工会干部遇到不明白的涉法问题,随时可以发出求助,群里的专业律师会第一时间提供建议,快速高效。其次,提高服务的专业化水平。金普新区总工会法律援助中心常设四个信访和法律援助窗口,开通了四部维权热线电话,由工会干部和律师提供咨询、调解、代理等服务。如今,中心平均每年接待职工上访100多案次,调解集体劳动争议30余起,调处成功率100%。

(三)策略培训制度

建立策略培训制度,增强基层工会维权能力。在构建和谐稳定的劳动关系中,新区总工会聚焦为企业工会主席精准服务。一是提升员工献计献策能力。定期邀请外资企业中方高管给企业工会主席授课,增强大家与资方的谈判能力,学

---

① 李瑾. 大连金普新区总工会:六项制度创建工作新模式[J]. 中国工人,2008(10):52.

习提出改进企业经营管理建议的本领。二是建立咨询服务工作室。新区总工会坚持每两周开展一次专业法律咨询,并在办公楼内设立了"专家咨询室",随时为基层工会组织和职工提供咨询服务。与此同时,新区总工会建立了法律顾问专家团队,针对影响较大、复杂的劳动争议进行"出诊",由劳动关系专家深入企业"把脉问诊",把教育引导职工依法维权和督促企业依法解决相结合,为双方开出合法合理的解决争议"良方"。

(四)外企联络制度

通过外企联络制度,形成依法维权合力。一是设立联合工作站。金普新区外商投资企业工会联合会加强组织覆盖,按行业、投资国设立九个工作站,覆盖300多家外资企业。这种双重覆盖的工作机制,促进了外资企业工会工作的规范化、制度化和法治化。二是形成定期会议联动机制。新区总工会每两周召开一次站长、副站长以上人员参加的例会,每季度每站至少召开一次站内会议,形成了新区总工会、工会联合会、外企工会三级联动的工作态势,新情况、新问题都做到了及时了解、准确把握、重点攻克和精准施策。

(五)主席保护制度

依法保护工会主席的权益。有效保护工会主席,使工会主席能充分代表员工利益,积极依法维护员工权益,在权利维护过程中,无须担心企业的报复行为。对工会主席的保护要坚持以下原则:一是换届选举有监督。工会主席在换届时,要对主席的任职条件、选举流程等进行监督。二是履行职责有后盾。工会主席的罢免要有充分的理由,并且要符合法律规定的程序,企业不能无故罢免企业工会主席。三是建立沟通渠道。对不支持工会主席工作,甚至打击报复工会主席的企业,总工会要建立良好的沟通桥梁,对企业的不正确做法及时进行纠正。

(六)民主决策制度

建立民主决策制度,依法维权。一是完善企业民主管理制度。区工会通过依法维权方式,企业的职工代表大会制度、厂务公务制度等民主管理制度得到了规范和落实。通过职工代表提案制度、劳资恳谈会、热线电话和电子邮箱,职工有话能说,有问题能反映。二是完善企业考评机制。新区总工会不断完善企业考核评价机制,实行责任追究制度,对违反职工代表大会制度导致发生重大群体性事件、造成严重后果的,严肃追究有关企业领导人员和工会主席的责任。

四、工会企业和谐劳动关系建设讨论

自工会成立以来,最重要的责任就是与工作人员保持密切联系并保护他们在侵权时的权利。同时,工会的建设是构建和谐劳动关系和解决劳动争议的重要前提。但是,目前中国工会制度并不完善。事实上,在保护权利的过程中仍存在许多问题。最重要的是工会的冲突。从政府的角度来看,最重要的使命是保持社会稳定;而公司认为工会的重要性在于确保良好的生产环境;工会会员认为维护工人权利是工会最重要的职能。三种不同状态的冲突,使得工会在解决劳动争议的过程中难以确定服务对象。虽然工会在发展过程中取得了显著的成就,但就其自身的身份而言,更类似于"傀儡"这一相对较低的层面。另外,随着互联网时代的到来,新媒体一直在蓬勃发展,这带来了新的挑战。传统的工作方法一直无法有效地提供服务,严重阻碍了工会发挥实质性作用协调劳动关系。因此,有必要及时调整,建立一个更加科学、成熟、稳定的工会制度,否则会影响工会的信誉,使工人对其产生信心危机。

中国工会有其特定的社会环境,这决定了工会不能成为一个完整的工人垄断组织。与外国工会相比,中国工会的职责更多地体现在维护社会秩序稳定而不是组织工人罢工。换句话说,中国工会致力于减少罢工的发生,这也是国家层面的表现。此外,中国工会对企业和政府的经济依赖性很强。如果它们完全独立,就很难开展活动,更不用说提高维护权利的效率。

因此,工会组织就像"傀儡",在多元控制的实际运作中,政府、企业和工人组成的"三股势力"都想要获得对"傀儡"的控制,以获得话语权并驱使"傀儡"按照自我意愿行事。由于政府、企业和工人都在操纵"傀儡",没有行动的统一目标,可能导致工会往往处于无所作为状态,效果不显著。

不过即使工会机制在中国饱受争议,但是出于和谐劳动关系的构建角度,企业联合工会为劳方和资方共创利益也是二者一直追求的双赢结果。因此,应从这一角度出发，进而探讨对工会的要求。

从本质上讲，工会的生产正在解决劳资纠纷，为社会生产提供一个环境，保护雇主和劳动者之间的和谐共存。从历史发展趋势的分析来看，和谐劳动关系的建设不是一个短期可以实现的目标，而是一项长期的任务。在这个过程中，我们应该始终清楚地认识到工会的本质。另外，有必要反思和总结工会建设的实际情况，并有选择地借鉴外国工会的成功经验。同时，界定工会的界限和责任。但是，所有这一切都必须建立在使工会更加独立的前提下。

工会的独立性不是要求它完全脱离政府和企业组建独立的垄断组织，而是要实现三个组织的辩证统一，相互融合，解决"稳定"与"秩序"之间的矛盾。首先，应学会区分工会组织和党政机关职能部门。虽然工会组织具有政治功能，但不能算是政府部门，政治服务不能得到政治控制。另外，工会和基层单位，两个不同的利益相关者，必须独立开展人事、财务和其他工作，以免相互混淆。其次，要加强基层工会的独立性。基层工会的工作必须具有一定程度的独立性。上级工会不能承担这项任务，基层工会的主观能动性应该得到加强。根据实际情况和各成员的合理要求和建议，工会事务应当独立进行。再次，要确保工会干部的独立性。工会干部不能由政府或企业任命，应遵循公平、公开、公正的原则，按照工会会员的意愿投票选举。工会干部负责为会员提供合法权益保护，也接受会员的监督。只有工会具有真正的独立性，它才能对自己的行为和后果负有真正的责任。

当工会有了独立性之后，才能从"福利联盟"过渡到"工人维护者"。与西方国家的工会不同，中国工会在政府、企业和工人中发挥着重要作用。在计划经济时期，社会资源和劳动力管理由政府分配，个人利益必须服从集体利益。在这种情况下，工会的作用类似于"合作""支持"等工作，而不会直接对工人负责。因此，在相当长的一段时间内，学者和社会都忽视了工会的地位和作用，即使在相关工作中也找不到"工会"这个词。

改革开放以来，中国的市场经济体制逐步建立和完善。市场在资源配置中发挥了决定性作用，劳动力分配的主导因素也从政府转移到市场。必须明确的是，

第七章 工会企业与非工会企业和谐劳动关系比较与分析

工会应该在劳动关系的协调中发挥全部作用。此外,中国工会应该发挥良好的发言人作用,有效代表工人的利益。同时,要突出工会工作,加强集体谈判,签订集体合同,加强劳动立法和执法监督的参与;要引导工人正确理解和认识工会,增进彼此之间的合作理解。此外,工会应通过实施职工代表大会制度,职工董事监事制度等方式,促进职工与企业的互利,确保和谐劳动关系的有序实施。

从 2000 年至今,全球已经完全进入信息化时代。大数据、云平台、互联网思维等新术语层出不穷,工会的发展需跟上时代发展的浪潮。为此,工会微博和微信的集成应用就很有必要。为员工提供良好的信息和服务是工会新媒体平台持续健康发展的基础。微信公众平台的开放式后台应用程序编辑功能可以为 2 人提供实时服务。工会可以在微信公众平台上建立互动服务平台,并配合自己的服务。"申贡社"微信公众平台打造"服务大厅",以权利和就业为核心,为员工提供相应的服务。在"我想要保护"的板块中,工人们可以在线询问有关权利保护的一些问题,并且及时得到答复。此外,相关的法律法规也可以在"服务大厅"板块中找到。此外,在"我想工作"部分整合求职资源,求职者可以在线填写自己的简历。此外,该平台还提供了工会会员服务的入口。这是一个涵盖工人生活各个方面的平台。

新浪微博是近年来中国最具代表性的新媒体平台,已成为大众媒体的客观存在。在微博和微信公众平台上存储了相应的内容和服务信息后,微博平台及其广泛的宣传效果可以促进其推广。网络上的所有用户都没有地位或财富差异,因此要成为某个领域或行业的意见领袖并不容易。微博应该更加关注这些意见领袖,转发他们的帖子,与他们沟通和协作。同时让他们在自己的微博上宣传工会的微博。此外,在新的网络环境中,如果工会能够与"意见领袖"进行良好的互动,工会将会赢得更多关注,同时也会成功吸引更多的粉丝。

在新形势条件下,企业加强职工民主管理及和谐劳动关系的构建已经成为时代发展的趋势,只有加强企业民主化管理,才能促进劳动关系的和谐发展,从而促进企业整体健康持续的发展。首先从认清形势、坚持目标导向两方面分析民主管理的要求,其次从提高职工责任感、管理制度贯彻实施两方面介绍民主管理的特质，再次分析民主管理建设特色和重点，最后对完善民主管理新途径新方法进行探讨，以期为基层工会民主管理与劳动关系的和谐构建提供参考借鉴。

工会是党联系群众的桥梁和纽带，作为落实工会各项工作的组织者、推动者和实践者，基层工会直接联系和服务职工，是工会全部工作的基础①。在"十三五"建设开局和企业转型升级的新时期，适应提质增效和改革创新的迫切要求，充分发挥基层工会的积极作用，在很长一段时期内都需要着重研究和解决，而民主管理是工会常用到和重要的工作手段之一。

（一）民主管理的要求

1. 认清形势，深刻领会工会工作

当前企业发展压力重重，活力不足，动力不够，尤其需要全体职工集思广益、奋力拼搏。民主管理是落实企业科学治理与和谐建设的有效途径，并以抓基础、求创新、增活力为重点，深入开展好"服务大局、服务项目、服务职工"等相关活动，使之能够起到聚人心、维权益、保和谐、促发展的积极作用。

2. 坚持目标导向，深化工会管理工作

围绕中心，强化、创新民主管理，引导和带领职工为企业生产、安全、技术、质量、经营等工作献计献策，已成为各级工会管理者当前面临的新课题。这要求基层工会组织和工作者，树立高目标导向，加强和规范职工民主管理工作，尤其是在如今市场竞争的残酷性不断加剧，无论是企业内部还是外部都面临巨大压力的发展环境；因此要坚持群策群力、共建共促，通过民主管理，最大限度把职工积极性引导到企业中心工作上，发挥职工的能动性和创新力，以集体智慧破解发展难题。

（二）民主管理的特质

1. 有利于提升职工责任感

通过创新实行民主管理，有利于提升职工主人翁责任感，更为发挥职工聪明才智搭建广阔平台，使各项管理与民主管理有机协调。例如，每年工会都要组织

---

① 徐冰. 新形势下工会民主管理与和谐劳动关系的构建［J］. 企业文化，2017（4）.

开展征集职工群众技术性创新等活动，通过一系列的技术创新和合理化建议推动工艺改进，节约成本，提升盈利空间。只有企业效益提高，职工待遇才会随之"水涨船高"，激发职工参与的积极性，从而达到良性循环。

2. 有利于管理制度贯彻实施

职工是企业的主人，职工参与企业管理的结果使各项制度措施的贯彻实施有了坚实的群众基础。企业的各项管理制度、生产计划等都是依靠职工群众来制定、执行和实现的，并依靠职工群众不断补充和修改，使之日臻完善，这也是企业各项工作的基础。因此，如果没有职工群众的积极努力和艰苦奋斗，再正确的计划也难以实现。只有采取一系列有效的办法，真心实意地让职工知政、参政、议政，接受职工群众的批评、监督，鼓励职工群众反映真实情况，才能使广大职工热爱企业、关心企业，增强企业的向心力、吸引力和凝聚力。

(三) 掌握企业民主管理建设特色和重点

推进基层企业民主管理建设，实现和保障基层企业职工的基本权利，是全面建设现代企业制度的重要课题。当前企业职工实现和保障民主权利的特点有：以职工代表大会为基本形式的民主管理得到坚持和发展；厂务公开普遍推行；各项民主管理制度逐步完善。与此同时也存在很多问题，例如：对民主管理存在模糊认识，认为企业应该集中精力于生产经营，而轻视了民主管理，诸如之类的错误认识实际严重阻碍了企业的发展。企业民主管理对和谐企业建设的支撑和推动作用，已经通过很多实践得到了充分的体现。常见的有四大功能：①协调功能，有效协调企业内部的利益矛盾关系，其主要手段是推进厂务公开、开展劳动争议调解等工作；②制度化功能，建立健全企业各项规章制度，有章可循提高企业的执政能力；③创效功能，民主管理刺激职工创造经济效益，推动企业技术创新引导；④凝聚功能，民主管理通过上述三个功能的发挥，催生出工会和企业的凝聚力，这就是企业民主管理的凝聚功能的实质所在。

(四) 完善工会管理的新途径新办法

1. 党政工齐抓共管

民主管理是一项政治性、全面性的工作，实行民主管理，需要党政工齐抓共管，形成合力。工会作为群众组织，站在广大职工参与民主管理的主体一方，理应肩负起这项工作的重任，而在实际管理过程中也发现了一些好的办法。一是在组织机构设立上力求衔接有序，要求各部门协调配合，切实履行好党组织第一领导人、行政第一责任人、工会第一负责人的关系，明确分工职责，签订责任书，保障各项管理工作的有效开展。二是积极争取党政领导对工会履行维权职能和加强职工民主管理工作的重视和支持，把职工群众的意愿变成规章制度，增强实行民主管理、实现职工民主权利的刚性力度。

2. 完善民主管理体系制度

要使职工参与企业民主管理的机制有效、生动，得到企业内部相关部门确认和支持，必须制定以职代会为基本形式的民主管理方面的规章制度，使之规范化、合理化。一是抓好深化厂务公开制度，从维护职工的知情权、参与权出发，公开的内容大到经营、生产、文明，小到休假考勤、奖金发放、绩效考核等，在内容上的真实性、形式上的多样性等方面把工作做实、做细。二是抓实职代会制度。在职代会前，广泛征求职工意见，认真审查，确保提案质量，在大会认真讨论，转交有关部门或责任人进行落实，并及时反馈，接受职工的监督检查。配合大量的前瞻性和后续的工作，保证准确、客观地反映职工群众的心声，让职工真正行使民主管理的权利。

3. 加强工会自身建设，提高服务意识

不断深入的改革创新对工会工作提出许多新课题，对工会干部也提出更高的要求，加强工会自身建设、塑造工会干部新形象，既是广大职工群众的殷切希望，也是工会组织与时俱进的要求。如何抓住机遇，实现工会工作的新突破，更好地发挥工会在改革、发展和稳定大局中的作用，工会干部的素质能力起着决定性的作用。要做好工会工作，工会干部既要热心、细心、用心，又要多才、多艺、多技，这样才能成为职工信赖的服务者。除此之外，让职工群众能更好地融入企业建设当中来，还要一如既往地开展好优质服务工作，不断增强服务意识，要竭力做到这两点，才能在高效管理创新途径中打造出精英管理团队，才能从根本上有效地保障各项工作的顺利进行。

五、新时代促进工会更好发展的建议

维护员工劳动权益是我国工会的法定职责,然而我国劳动力成本不断上升,工会对员工权利的保护领域也应随着劳动者地位提高而变化,不可固守传统角色定位。新时代中国和谐劳动关系的构建,不仅需要工会关注如何更好地履行其维权职能,更要明确精准定位,因为精准定位是其职能有效履行的重要前提。在上述实证研究的基础上,为更好地推动工会参与现代化企业治理,促进和谐劳动关系的形成,本书提出以下政策建议:

(一)准确把握我国劳动力状况的变化,构建弹性包容的维权机制

目前,劳动力已成为短缺资源,若工会对员工休息权、社会保险权等消极性权利"过度保护",不仅会增加企业和员工不必要的劳动力成本,也会影响劳动力市场更充分的自由选择意愿。因此,工会应在把握新时代劳动力状况变化的前提下,进一步明确自身维权职能的权力边界,在市场能够更好实现的领域大胆放权。同时,工会应针对不同类型的积极性权利采取不同的治理策略,对职业培训权来说,可以将举办职业技能大赛和普遍性的免费职业培训有机结合,以提升员工的劳动技能和整体素质;对就业权、劳动报酬权来说,可以加大对女性、大龄、农村户籍员工等"弱势员工"的倾斜性保护力度,坚持对员工底线性权利缺失的零容忍。

(二)丰富并拓展"桥梁纽带"的定位

党的十九大报告已明确提出工会的发展定位,即"创新群众工作体制机制和方式方法,发挥联系群众的桥梁纽带作用"。"桥梁纽带"的定位是我国工会的特色,也是值得长期坚持并不断丰富的优势。这一定位比"权利代言人"的定位更准确、深刻,也更加有利于工会在不断变化的劳动关系中持续健康发展。但需要进一步强调的是,"桥梁纽带"定位的内涵应进一步拓展,工会不仅是政府联系群众的"桥梁纽带",也是企业联系员工的"桥梁纽带",更是联合各类主体共同参与劳动关系治理的"桥梁纽带"。在此定位之下,工会才能在更需要保护自由选择权的权利领域保持必要谦抑,才能真正促进经济社会的整体发展。

(三)搭建协商协调平台,构建更为包容的工会治理模式

劳动力市场不断变化,特别是共享经济和人工智能的发展,大量新的商业模式正冲击着传统的劳动关系。共享经济的兴起,使得传统的双边劳动关系出现了三方化的发展;人工智能则不断挑战人类对劳动力输出的唯一性,机器换人无论从广度还是深度上,都将持续扩大并发展。工会要积极成为政府、企业联络员工的最佳渠道,这就要求搭建多方共同参与、利益均衡、开放包容的协商机制。唯有保持足够的开放性和包容性,才能不断地应对劳动力市场的新变化。

参考文献

[1] Anderson N., Potocnik K., Jing Zhou. Innovation and creativity in organizations: A state-of-the-science review, prospective commentary, and guiding framework [J]. Journal of Management, 2014 (5): 1297-1334.

[2] Bacon N., Samuel P. Partnership agreement adoption and survival in the British private and public sectors [J]. Work, Employment & Society, 2009, 23 (2): 231-248.

[3] Bohlander G. W., Campbell M. H. Forging a labor-management partnership: The magma copper experience [J]. Labor Studies Journal, 1994, 18 (4): 3-20.

[4] Colquitt J. A. On the dimensionality of organizational justice: A construct validation of a measure [J]. Journal of Applied Psychology, 2001, 86 (3): 386-400.

[5] Guest D., Brown W., Peccei R., et al. Does partnership at work increase trust? An analysis based on the 2004 Workplace Employment Relations Survey [J]. Industrial Relations Journal, 2008, 39, (2): 124-152.

[6] Korean Ministry of Labor. Overall manual for labor-management partnership [J]. Korean Ministry of Labor, Seoul, 2003, 8 (9): 61-70.

[7] Masters M. F., Albright R. R. and Eplion D. What did partnerships do? Evidence from the federal sector [J]. Industrial and Labor Relations Review, 2006,

59 (3): 367 -385.

[8] McCartan P. Towards social partnership – or co – operative industrial relations? [J]. Irish Journal of Management, 2002 (23): 53 -70.

[9] Meng X., Qin X., Xiaoyu W., et al. Partnership practices, labor relations climate, and employee attitudes: Evidence from China [J]. Industrial & Labor Relations Review, 2016, 70 (5): 1196 -1218.

[10] Meyer J. P., Allen N. J. A three – component conceptualization of organizational commitment [J]. Human Resource Management Review, 1991, 1 (1): 61 -89.

[11] Rubin B. and Rubin R.. Municipal service delivery, collective bargaining, and labor – management partnerships [J]. Journal of Collective Negotiations, 2003, 30 (2): 91 -112.

[12] Saridakis G., Yanqing Y., Johnstone S. Does workplace partnershipdeliver mutual gains at work [J]. Economic and Industrial Democracy, 2017, 5 (1): 1 -27.

[13] Takeuchi R., Chen G., Lepak D. P. Through the looking glass of a social system: Cross – level effects of high – performance work systems on employees' attitudes [J]. Personnel Psychology, 2009, 62 (1): 1 -29.

[14] Wang H., Law K. S., Chen G., et al. A structural equation model of the effects of multidimensional leader – member exchange on task and contextual performance [A]. Presented at the 17th Annual Conference on Society of Industrial and Organizational Psychology (SIOP), Toronto, Canade, September, 2002.

[15] Yang J., Diefendorff J. M. The relations of daily counterproductive workplace behavior with emotions, situational antecedents, and personality moderators: A diary study in Hong Kong [J]. Personnel psychology, 2009, 62 (2): 259 -295.

[16] Yue D., Shiya H., Limei L., et al. Labor rights in Chinese manufacturing firms: An empirical analysis based on the China Employer – Employee Survey data [J]. China Economic Journal, 2017, 10 (1): 90 -105.

[17] 巴合提努尔·尔斯别克, 陈思羽, 杨更生. 转型期私营企业劳动关系

的现状与对策［J］．商场现代化，2018（15）：57-58.

［18］白立文．新劳动法视角下房地产行业和谐劳动关系的建立［J］．现代物业，2010（11）：84-85.

［19］常凯．劳动关系的集体化转型与政府劳工政策的完善［J］．中国社会科学，2013（6）：91-108.

［20］常凯主编．劳动关系·劳动者·劳权［M］．北京：中国劳动出版社，1995：42.

［21］陈晓萍，徐淑英，樊景立．组织与管理研究的实证方法［M］．北京：北京大学出版社，2010：293-294.

［22］付强，国有企业和谐劳动关系的建立与管理［J］．现代经济信息，2012.

［23］高媛，杜大生．对不同所有制企业劳动关系现状的比较及其对策［J］．工会论坛，1996（4）：27-29.

［24］郭庆松．企业劳动关系管理［M］．天津：南开大学出版社，2001：262.

［25］郭志刚．雇佣关系治理：从集体主义到个人主义［J］．北大商业评论，2016（2）：82-87.

［26］衡元元．"互联网+"时代下我国劳动关系存在的问题与对策分析［J］．四川职业技术学院学报，2018（3）：50-53.

［27］黄海嵩．中国企业劳动关系状况报告2014［M］．北京：企业管理出版社，2015.

［28］李丹桂，何新易．制造业转型升级中劳资冲突的动态特征——基于长三角地区劳资冲突案件统计分析［J］．湖北省社会主义学院学报，2017（4）：88-92.

［29］李瑾．大连金普新区总工会：六项制度创建工作新模式［J］．中国工人，2008（10）：52.

［30］李玲娥．中国现阶段私营企业劳资关系的属性及特点——马克思主义

政治经济学的解释 [J]. 政治经济学评论, 2018 (5): 101-120.

[31] 李琪. 改革与修复——当代中国国有企业的劳动关系研究 [M]. 北京: 中国劳动社会保障出版社, 2003.

[32] 李召敏, 韩小芳, 赵曙明, 民营企业雇佣关系模式关键影响因素的多案例研究 [J]. 管理科学, 2017 (5): 119-135.

[33] 梁宏中. 外资企业和谐劳资关系的构建——基于转型时期劳动力市场演变的视角 [J]. 现代经济探讨, 2012 (12): 13-17.

[34] 凌玲. 员工培训对组织承诺、离职倾向的影响机理研究 [D]. 成都: 西南财经大学, 2012.

[35] 刘惠. 健全三方四家协调机制着力构建和谐劳动关系 [J]. 中国工会 2016 (8).

[36] 刘继光. 国企工会在构建和谐劳动关系中的作用研究 [J]. 企业论坛, 2017 (7).

[37] 刘洋. 改制后国有企业的劳动关系: 现状、问题与协调治理路径 [J]. 教学与研究, 2018 (7): 33-43.

[38] 卢福财. 构建基于和谐劳动关系的我国人力资源管理新体系 [J]. 经济管理, 2006 (10): 28-32.

[39] 卢纹岱. SPSS for windows 统计分析 (第三版) [M]. 北京: 电子工业出版社, 2003.

[40] 吕景春. 和谐劳动关系: 制度安排与机制创新——一个福利经济学的研究框架 [J]. 经济学家, 2006 (11): 11-18.

[41] 毛勒堂. 劳动正义: 发展和谐劳动关系的伦理诉求 [J]. 毛泽东邓小平理论研究, 2007 (5): 42-45, 85.

[42] 孟大虎, 苏丽锋, 欧阳任飞. 中国和谐劳动关系指标体系构建及评价: 1991-2014 [J]. 中国人力资源开发, 2016 (14): 74-82.

[43] 彭兆祺, 袁伦渠. 外商投资企业劳资关系分析与对策研究 [J]. 中国软科学, 2004 (5): 88-92.

[44] 秦建国. 和谐劳动关系评价体系研究 [J]. 山东社会科学, 2008 (4): 62-66, 74.

[45] 渠邕, 于桂兰. 劳动关系和谐指数研究评述 [J]. 中国人力资源开发, 2014 (15): 11-18.

[46] 孙锐, 赵晨. 战略人力资源管理、组织情绪能力与组织创新——高新技术企业部门心理安全的作用 [J]. 科学学研究, 2016 (12): 1906-1915.

[47] 孙锐. 战略人力资源管理与组织创新氛围研究——基于企业研发人员的调查 [M]. 北京: 人民出版社, 2013.

[48] 田松青. 收入分配"二元化"与和谐劳动关系构建 [J]. 经济管理, 2008 (12): 144-150.

[49] 佟新. 新时期有关劳动关系的社会学分析 [J]. 浙江学刊, 1997 (1).

[50] 涂永前. 新时代中国特色社会主义和谐劳动关系构建研究: 现状、问题与对策 [J]. 社会科学家, 2018 (1).

[51] 万华, 卢庆辉. 劳动关系评价指标研究综述 [J]. 学术论坛, 2008 (48): 112-113.

[52] 王德才. 伙伴关系实践对劳资冲突的影响——机制与情景因素研究 [J]. 管理评论, 2018 (1): 89-97.

[53] 王克. 劳动合同和工会能否保护劳动者合法权益?——基于CGSS (2008、2010、2013) 经验数据的实证分析 [J]. 南京财经大学学报, 2017 (3): 97-108.

[54] 王乃静. 山东省民营经济发展报告 2014~2015 [M]. 济南: 山东人民出版社, 2016.

[55] 王拓, 赵曙明. 转型经济下我国企业雇佣关系现状及其引申 [J]. 改革, 2010 (7): 128-133.

[56] 王霞. 餐饮行业劳动关系状况报告 [J]. 第一资源, 2014 (2): 131-147.

[57] 王晓光. 我国企业薪酬现状及其对劳动关系的影响 [J]. 经济管理 2007（11）：6-13.

[58] 王永丽, 李菁. 金融危机下的和谐劳动关系研究——基于广州市百家企业的调查 [J]. 管理世界, 2011（4）：173-174.

[59] 吴春永. 电力行业劳动用工管理 [J]. 中外企业家, 2016（36）：127.

[60] 伍美云. 中国劳动关系研究的演变及其制度嵌入 [D]. 首都经济贸易大学, 2018.

[61] 习近平. 决胜全面建成小康社会 夺取新时代中国特色社会主义伟大胜利——在中国共产党第十九次代表大会上的报告 [M]. 北京：人民出版社, 2017.

[62] 习近平. 在党的群众路线教育实践活动总结大会上的讲话 [N]. 人民日报, 2013-10-08.

[63] 席猛, 赵曙明. 合作伙伴关系实践、劳动关系氛围与组织依附 [C]. 第八届（2013）中国管理学年会——组织行为与人力资源管理分会场, 2013.

[64] 肖鹏燕. 我国劳动关系近两年情况综述 [J]. 北京劳动保障职业学院学报, 2018（3）：31-35, 49.

[65] 信卫平. 国有企业改革进程中劳动关系市场化对劳动者的影响 [J]. 工会理论与实践, 2001（2）.

[66] 徐冰. 新形势下工会民主管理与和谐劳动关系的构建 [J]. 企业改革与管理, 2017（4）.

[67] 许晓军. 中国工会在构建和谐劳动关系中的合作博弈 [J]. 中国劳动关系学院学报, 2011（2）：1-6.

[68] 袁凌, 魏佳琪. 中国民营企业劳动关系评价指标体系构建 [J]. 统计与决策, 2011（4）：34-36.

[69] 袁伦渠, 林玳玳. 人力资源开发与管理 [M]. 北京：清华大学出版社, 2005.

[70] 袁青川. 中国工会覆盖效应下的工资溢价实证研究——来自 2012 年雇员

雇主匹配数据的经验[J]. 中国劳动关系学院学报, 2018 (1): 100-113.

[71] 张衔, 谭光柱. 我国企业劳动关系和谐度的评价与建议——基于问卷调查的实证分析[J]. 当代经济研究, 2012 (1): 75-81.

[72] 张一弛. 从扩展的激励—贡献模型看我国企业所有制对雇佣关系的影响[J]. 管理世界, 2004 (12): 90-98, 120.

[73] 赵军. 供热收费项目人力资源管理优化研究[D]. 北京工业大学, 2012.

[74] 赵曙明, 赵薇. 美、德、日劳资关系管理比较研究[J]. 外国经济与管理, 2006 (1): 17-22, 29.

[75] 甄晓微, 林慧玲. 高新技术企业的人力资源管理[J]. 价格与市场, 2004 (1): 14-15.

[76] 中共北京市委党校、北京中关村科技园区管委会联合调查组. 中关村民营高新技术企业劳动和劳动关系问题的调研报告[J]. 北京行政学院学报, 2003 (1): 1-8.

[77] 中国工运学院工会学系集体. 向市场经济过渡中的工会工作[M]. 北京: 中国大百科全书出版社, 1993.

[78] 周长城. 西方劳资关系研究的基本问题[J]. 学术研究, 1997 (5).

[79] 朱飞, 现代企业雇佣关系模式的变革、冲突及其管理策略研究[J]. 当代经济管理, 2009 (5): 70-73.

[80] 左静, 王德才, 冯俊文. 伙伴关系视角下的和谐劳动关系评价指标体系构建——以建立工会的企业为例[J]. 经济管理, 2018 (4): 5-19.

后 记

本书是我在南京理工大学攻读博士学位期间对雇佣合作伙伴关系问题研究的重要成果，该成果得到国家社会科学基金项目"伙伴关系视角下的企业和谐劳动关系构建和作用机制研究（15BGL02）"、重庆市博士后科研项目"中国情境下双组织承诺的维度结构及影响效应研究（XM2017120）"的资助。

构建和谐劳动关系，是确保国家经济平稳发展的重要保障。近年来，我国劳资冲突进入多发时期，其形式更加复杂化、多样化和动态化。劳资冲突大多缘于对劳动者权益的损害，本质上是企业内部管理问题。随着我国和谐劳动关系顶层设计的完成，诸多学者从不同视角尝试在企业层面对企业劳动关系建设情况进行评估。《劳动合同法》实施后，企业原有的利益平衡被打破，如何建立兼顾劳方和资方符合社会利益的雇佣关系，充分保障劳动者权益将成为企业利润最大化下的硬性约束。立足企业内部管理，加强与劳动者的合作，在管理实践中落实利益相关者契约，建立和谐劳资关系不仅是社会和谐的前提，更是保证企业应对劳资冲突、平稳快速发展的有效途径。

理论界对和谐劳动关系的研究已有初步探索，归结起来，主要存在三种导向：一是法律规则导向；二是劳动问题导向；三是动态平衡导向。基于这三种导向，对和谐劳动关系的评估主要有政府主导的评估和学理导向的评估。然而，现有的和谐劳动关系评估仍然存在一些问题：一是指标缺乏系统性，难以进行深入比较。由于评价体系的理论指导不足，各评价指标的关联性不清晰，评价更多停留在简单的数据统计层面，缺乏对不同企业以及同一企业内部的劳动关系状况的深层次研究。二是实证研究不够。大部分评估体系只是对已有评估思路的总结或者是基于某一角度提出评价的思路,进行实证验证的却很少。三是指标选择太宽泛,缺乏实践指导作用。制度层面的和谐劳动关系涉及方方面面,因此,多数研究为全面体现企业和谐劳动关系的现状,选取指标多,评估对象广,这种大而全的评估方式虽能反映国家或区域层面上的企业劳动关系的整体状况,但体现不出企业和谐劳动关系内部关联管理的本质,很难为企业的和谐劳动关系管理提供实质性的建议。四是结合企业和谐劳动关系顶层设计目标,考虑工会管理实践等方面的指标体系较少,这与工会在企业劳动关系管理的作用日益加强的现状不符。本研究在大量吸收前人研究的基础上,从雇佣合作伙伴关系视角对中国企业劳动关系和谐度进行评价,本评估方法具有兼顾效率和公平性、强调工会作用、突出员工与企业的互动机制,以员工为立足点,包括个体指标和团队指标等特征,是一种新的理论研究视角。

本书最终能够出版,不仅凝结着我的汗水和辛劳,更离不开默默支持我的导师。真诚地感谢我的博士生导师、南京理工大学经济管理学院的冯俊文教授。冯老师非常重视科学研究中的方法问题,他在本书的选题确定、方法运用、资料收集以及书稿的不断修订等整个过程中都付出了大量的心血。冯老师独到的见解总能让我拨云见日,他谦和的长者气度、广博的学术素养、孜孜以求的敬业精神和诲人不倦的师者风范更是我永远学习的楷模。本书也得到了西南政法大学王德才老师的很多指导和帮助。

同时,经济管理出版社在本书出版过程中给予了大力支持,在此表示衷心的感谢!最后,感谢我的家人、朋友、同学和同事,他们的关怀和支持是我不断攀登科研高峰的永恒动力。

尽管本书尝试从理论上进行创新,然而,由于这一研究视角国内成果还较少,给研究带来了较大的压力和挑战。书中的很多观点和论述还很不成熟,我也一直在探索之中,不当之处敬请赐教,我会沿着这个方向继续努力。

左 静

2018 年 12 月